Beck'sche Reihe
BsR 612
Autorenbücher

Das Bild Heinrich Heines ist im Bewußtsein der literarischen Öffentlichkeit nach wie vor kontrovers. Ist er für die einen nur der „entlaufene" Romantiker in den vom Weltschmerz geprägten poetischen Elementen seines Werkes, so für die anderen der hellsichtige politische Rebell im revolutionären Impetus der viel zitierten Dichtung.

Stefan Bodo Würffel zeigt in seiner anschaulichen Analyse, daß die Gründe für dieses irritierende Bild vor allem in Heinrich Heines durchgehender Anstrengung zu suchen sind, sich an der Schwelle zur Moderne als unabhängiger Intellektueller zu behaupten. Im Blick auf die unauflösbare Verbindung von poetischem Diskurs und revolutionärem Engagement wird das Verständnis für die wachsende Wirkung und Ausstrahlung Heines vermittelt.

Stefan Bodo Würffel, geb. 1944, lehrt als Privatdozent Neuere deutsche Literatur in Bern; Gastprofessuren in Zürich und Tübingen.

STEFAN BODO WÜRFFEL

Heinrich Heine

VERLAG C.H.BECK MÜNCHEN

Mit 6 Abbildungen

CIP-Titelaufnahme der Deutschen Bibliothek

Würffel, Stefan Bodo:
Heinrich Heine / Stefan Bodo Würffel. – Orig.-Ausg. –
München : Beck, 1989
(Beck'sche Reihe ; 612 : Autorenbücher)
ISBN 3-406-33159-9

NE: GT

Originalausgabe
ISBN 3 406 33159 9

Einbandentwurf von Uwe Göbel, München
Umschlagabbildung: Heine. Gemälde von François Louis Laynand
(Bildarchiv Preussischer Kulturbesitz)

Gesamtherstellung: Georg Appl, Wemding
Printed in Germany

Inhalt

„. . . jakobinisch unerbittlich,
die Gefühle zerschneiden,
der Wahrheit wegen."

(B 2, 209)

Einleitung

So berühmt Heinrich Heine im Ausland ist, so umstritten sind sein Name und sein Werk im eigenen Land. Heine hat es in Deutschland auf dreifache Weise schwer gehabt, als Jude, als Emigrant und als politischer Dichter. Jedes einzelne dieser Charakteristika hätte bereits genügt, ihm in der deutschen Literaturgeschichte eine Sonder-, ja eine Außenseiterrolle zuzuschreiben; zusammen kamen diese Eigenschaften einem Verdikt gleich, nicht nur im klassikerorientierten 19. Jahrhundert, sondern erst recht im 20., das den bildungsbürgerlichen Gestus erst in die Attitüde machtgeschützter Innerlichkeit, schließlich in die vorbehaltlose Verherrlichung der Macht selbst verkehrte. Wo hätte in diesem Deutschland der nach Frankreich exilierte Jude, der politisch engagierte Intellektuelle seinen Platz finden sollen?

Daß sich das heute geändert hat, wird man hoffen, kaum jedoch als gesichert annehmen dürfen. Trotz des weitgefächerten wissenschaftlichen Interesses, trotz der verdienstvollen, wenngleich ungewöhnlich spät begonnenen Bemühungen um eine historisch-kritische Gesamtausgabe, trotz der erfreulich vielfältigen Aktivitäten der Heinrich-Heine-Gesellschaft, die auch für ein berechtigtes Nachholbedürfnis sprechen, wird man kaum darüber hinwegsehen können, daß Heine in vieler Hinsicht in Deutschland noch immer ein Außenseiter geblieben ist, gelitten, aber kaum geliebt. Davon zeugen die Streitigkeiten um die Heine-Denkmäler in Düsseldorf, in Hamburg, in Norderney, davon zeugt der Streit um die Namengebung der Düsseldorfer Universität, ja, davon zeugt nicht zuletzt wohl auch die unterschiedliche Rezeption in den beiden Teilen Deutschlands, die sich nun paradoxerweise in zwei entstehenden großen Gesamtausgaben des Werkes, der Düsseldorfer und der Säkular-Ausgabe am sichtbarsten dokumentiert.

Welches sind auch heute noch die Schwierigkeiten im Umgang mit diesem Autor? Was verstört noch immer an seinem Werk? Eben dies wohl, daß es verstören, ja, daß es stören will. Daß es dem Widerspruch nicht ausweicht, sondern ihn geradezu herausfordert, gehört ebenso zu seiner Intention, wie es sich selber stets als Widerspruch begriffen, jedenfalls als solcher entwickelt hat – erst in der Auseinandersetzung mit der Romantik, dann im Kampf gegen die verkrusteten gesellschafts- und literaturpolitischen Verhältnisse der Restaurationszeit, schließlich im Streit mit den politischen Dichtern des Vormärz und ihrem realitätsfernen Idealismus und ganz zuletzt in der nachdrücklichen Abwehr jeder voreiligen Revolutionseuphorie, im Zurückweisen der simplen Gesellschaftsrezepte, woher immer sie kamen.

Heine, am Ausgang des aufgeklärten 18. Jahrhunderts geboren, erscheint unter diesem Gesichtspunkt zugleich als ein Autor des auf seine Zeit folgenden 20. Jahrhunderts, der erste Autor der Moderne, der zu schreiben beginnt mit dem Licht einer nur halb gelungenen Revolution im Rücken, deren gebündelte Strahlen im matten Empire-Gold seiner mannigfachen Napoleonbilder, nicht ungebrochen, immer wieder aufscheinen. Und zeitlebens schreibt er auf eine andere, neue Revolution zu, in der sich jene erste, fast noch erlebte zu vollenden hätte und die doch nie identisch ist mit einer jener Revolutionen, deren Zeuge er dann tatsächlich im Laufe seines Lebens wird. Die Hoffnung und Erwartung, die ihn in diesen Revolutionen gleichwohl den Vorschein der endgültigen erkennen lassen, enthüllen ihm am Ende auch bereits die Widersprüche und Fehler jener noch in der Ferne liegenden Revolution, die zumindest zeitweilig für unser 20. Jahrhundert dieselbe Bedeutung hatte wie die Französische Revolution für die junge Dichtergeneration zu Beginn des 19. Jahrhunderts.

So sind denn die Widersprüche, die Heines Werk kennzeichnen, zuallererst die Widersprüche seiner Zeit. Gegen die Romantiker, die noch im Zeichen der Revolution zu schreiben begannen, um nach ihrer frühen Enttäuschung auf ganz anderen Wegen das goldene Zeitalter zu suchen, gegen den Klassiker Goethe, der, sich selbst zunehmend historisch geworden, in Weimar an den nach 1790 entwickelten Bildungsidealen festhielt, wenig aufgeschlossen für die neuen Tendenzen und Bewegungen der Zeit, für die Studentenbewegung und für die Anfänge des Jungen Deutschland, gegen die vielfältigen Einflußnahmen des restaurativ-reaktionären Metternich-Regimes, das die Judengesetzgebung Napoleons aufhob, die Presse knebelte und Deutschland weit zurückwarf hinter die Errungenschaften des siècle des lumières, dem der entlaufene Romantiker Heinrich Heine ein Leben lang anhing: gegen all das schrieb er an von Widerspruch zu Widerspruch.

Widersprüche aber auch im Exil, in der geliebten Wahlheimat Frankreich, die in Heines Augen nicht nur das Vaterland des großen Kaisers, sondern das Vaterland aller war, die sich den Parolen der Französischen Revolution verschrieben hatten. In der daraus entspringenden weltbürgerlichen Haltung traf sich Heine durchaus mit dem Weltbürger Goethe, dessen Einstellung er freilich ins Politische wendete und so im Zeitalter des beginnenden Nationalismus wesentlich verschärfte. Die Zeit der 30er und 40er-Jahre, als Heine von der Metropole der Revolution aus nach Deutschland blickte, die Zeit der großen Vermittlungsarbeit zwischen den beiden Vaterländern, zwischen der deutschen Dichtung und Philosophie und der französischen Tat war zugleich die Zeit der widerspruchsreichen Auseinandersetzungen gerade auch mit ihm Nahestehenden, mit den Saint-Simonisten, mit Börne, später dann mit Marx und Lassalle und mit den deutschen politischen Dichtern und Barden des Vormärz, die auf ihn hörten, oftmals erschrocken, häufig begeistert. Nicht immer war die Begeisterung gegenseitig. Heines zum Teil heftige Attacken auf Herwegh, Freiligrath, Dingelstedt und andere beweisen es; aber noch die rüdesten Angriffe waren stets vom Blick auf das eine ersehnte Ziel bestimmt: er kleidete es in die Sonnenbilder der vergangenen Epoche, gestaltete es in poetischen Utopien und gab ihm im ‚Lutetia'-Artikel vom 12. Juli 1842 einmal den Namen: „Weltrevolution" (B 5, 406). In ihrem Lichte ließ er nicht ab, die revolutionären Versuche seiner Zeit zu beobachten, zu analysieren und zu kritisieren, die Julirevolution, von der die Bourgeoisie profitierte, die Februarrevolution, die der schon todkranke Heine nur als traurige Wiederholung empfand, und die kläglichen deutschen Nachahmungen, über die er, in seiner Pariser Matratzengruft, nur noch spotten konnte.

Bekannt und berühmt als Künstler und Kunstvermittler war Heine in der „Hauptstadt der Revolution" ein Mittelpunkt des geistigen Lebens und zugleich ein Tribun, ein Tribun auf den Literaturbarrikaden der Epoche, die oftmals höher, schwerer zu erstürmen und zu zerstören waren als die Barrikaden, die sich zeitweilig in den Pariser Vorstadtvierteln erhoben. Vor allem aber verstand er sich als ein Apostel, als ein Apostel alles dessen, was die Gesellschaft jener Zeit zu fürchten hatte, eine freiere Auffassung der Liebe, eine Emanzipation im privaten wie im politischen Bereich, nicht zuletzt eine neue Auffassung des Schreibens, der Literatur, die sich anschickte, den bis heute in Deutschland nicht völlig überwundenen Gegensatz von Literat und Dichter, von Schriftsteller und Poet obsolet werden zu lassen.

Heine hat sich um die anscheinend unüberbrückbare Dichotomie einer Kunst für die Massen und einer Kunst für die Eliten wenig geschert. Seine Dichtung wollte volkstümlich sein, ohne die Ansprüche der Kunst aufzugeben. Sie hielt an Stilidealen fest, ohne im Jahrhundert der Klassikfeiern sich einem wie auch immer gearteten Klassikbegriff zu fügen. Das macht ihre Einordnung in gängige Kategorien so schwierig, schreibt ihr und ihrem Autor eine Sonderstellung zu; die Literaturgeschichte kennt nicht viele solcher Fälle. Mag es auch wenig zu verehren geben, so bleibt doch vieles zu bewundern, eben weil es sich so selten in deutschen Druckerzeugnissen findet: Zweifel und Ironie, Einsprüche und Widersprüche zuhauf dienen der Einübung einer kritischen Haltung, die durchaus auch gegen den Autor selbst gewendet werden kann. Heine zu lesen hieß damals auch, sich zur politischen Mündigkeit anzuhalten. Fällt uns vielleicht auch deshalb der Umgang mit diesem Autor nach wie vor schwer, weil wir uns diesem Anspruch noch immer nicht gewachsen fühlen, weil uns eine Leseerziehung, die zu Kritikfähigkeit anhalten will, beständig mit dem konfrontiert, was nicht nur in der Literatur, was überhaupt selten ist in dem Deutschland, von dem Heines Dichtung wie kaum eine andere spricht?

Die Zunahme der allgemeinen Kritikfähigkeit, die im öffentlichen Bewußtsein dieses Landes noch immer weitgehend mit negativen Konnotationen verbunden ist, könnte sehr wohl auch ein Maßstab dafür sein, ob es tatsächlich gelingt, den widerborstigen Autor ganz zurückzugewinnen, den Exilierten wieder einzubürgern, ihn dort wirklich heimisch werden zu lassen, wo sein Werk nicht allein diskutiert und umstritten war, sondern wo es auch verboten und verbrannt wurde. Uneingeholt aktuell jedenfalls erscheint der Anspruch des Autors an sein Werk, ein Anspruch, dem sich jeder Heine-Leser zu stellen hat: „Wenn wir es dahin bringen, daß die große Menge die Gegenwart versteht, so lassen die Völker sich nicht mehr von den Lohnschreibern der Aristokratie zu Haß und Krieg verhetzen, das große Völkerbündnis, die Heilige Allianz der Nationen, kommt zu Stande, wir brauchen aus wechselseitigem Mißtrauen keine stehenden Heere von vielen hunderttausend Mördern mehr zu füttern, wir benutzen zum Pflug ihre Schwerter und Rosse, und wir erlangen Friede und Wohlstand und Freiheit. Dieser Wirksamkeit bleibt mein Leben gewidmet; es ist mein Amt.“ (B 3, 91)

I. „Ich war ein braver Soldat im Befreiungskriege der Menschheit“

„Ich bin geboren am Ende des skeptischen achtzehnten Jahrhunderts und in einer Stadt, wo zur Zeit meiner Kindheit nicht bloß die Franzosen, sondern auch der französische Geist herrschte.“ (B 6/1, 557) Wichtiger als die in der Forschung lange umstrittene, heute entgegen Heines eigener Angabe erfolgte exakte Festlegung des Geburtsdatums auf den 13. Dezember 1797 (in Düsseldorf) ist für das Verständnis von Werk und Wirken des Autors der bildungspolitische Hintergrund seiner Jugendjahre.

Nicht nur den Unterricht in Philosophie und Religion beim damaligen Rektor des Lyzeums, dem Philosophen Aegidius Schallmayer behielt Heine zeitlebens in guter Erinnerung, auch des prägenden Einflusses seiner Mutter Peira, die, 1771 geboren und 1859 gestorben, ihren großen Sohn um wenige Jahre überlebte, hat Heine stets dankbar gedacht. Ihr Anteil an Bildung und Erziehung des jungen Harry war umso größer, als der in Geschäften nicht sonderlich glückliche Vater durch ein Nervenleiden weitgehend daran gehindert war, nachhaltig in den Erziehungsprozeß des Sohnes einzugreifen. Die Mutter hingegen, eine begeisterte Anhängerin Rousseaus, vermittelte ihrem Sohn viel von der französischen Kultur des siècle des lumières, den kritischen Rationalismus als das Erbe einer Aufklärung, auf die sich Heine später immer wieder dankbar besann. Das zweite, kaum minder wichtige Bildungsgut, von der Mutter eher argwöhnisch beobachtet, wohl auch mit Verboten belegt, eignete sich der junge Harry im Umgang mit den Mägden, den Mädchen des Volkes an, nämlich jenes Fabel- und Märchenwesen, das ihn zeitlebens faszinierte und das in seiner Dichtung deutliche Spuren hinterlassen hat.

Zwischen diese beiden Bildungswelten schob sich schließlich noch eine dritte, die Welt des berühmten Onkels Simon van Geldern, der Handschriften des Großonkels, des Chevalier van Geldern besaß, Aufzeichnungen des Orientreisenden, Zeugnisse eines abenteuerlichen Vagabundenlebens, deren Einfluß auf die Phantasie des kleinen Harry kaum zu unterschätzen ist. „Mein Leben glich damals einem großen Journal, wo die obere Abteilung die Gegenwart, den Tag mit seinen Tagesberichten und Tagesdebatten, enthielt, während in der unteren Abteilung die poetische Vergangenheit in fortlaufenden Nachtträumen wie eine Reihenfolge von Romanfeuilletons sich phantastisch kundgab." (B 6/1, 573 f.) Ein Wechsel, den noch die Vorrede zur zweiten Auflage des ‚Buchs der Lieder' festhält, wenn Heine von der für sein Werk charakteristischen Zweiteilung in poetische und in politische, theologische und philosophische Schriften spricht, und der als Wechsel von Traum und Reflexion das gesamte Werk durchzieht.

Neben diesen Einflüssen, die für den späteren Dichter bestimmender waren als der Kreis der Geschwister Charlotte (1800–1899), mit der ihn, wie Gedichte und Briefe zeigen, noch das engste Verhältnis verband, Gustav (1805–1886) und Maximilian (1807–1879), ist Heines Judentum für seinen weiteren Weg von ausschlaggebender Bedeutung gewesen. Von Haus aus eher freigeistig als orthodox erzogen, geprägt durch die fortschrittliche Judengesetzgebung Napoleons, hat Heine es nie als ausschließlich persönliches Schicksal begriffen, sondern stets mit der allgemeinen Emanzipation verbunden und zeitlebens als Prüfstein der errungenen Freiheit verstanden, schon im Lyzeum, wovon die ‚Memoiren' berichten, dann in der Burschenschaft, beim Abfassen des ‚Rabbi von Bacherach', bei der erneuten Aufnahme dieses Werkes 1840 und schließlich im Zusammenhang der vieldiskutierten Rückkehr zu einem persönlichen Gott im Alter. Jedenfalls hat Heine sein Judentum anders erlebt und anders gelebt als Ludwig Börne, der, in der Frankfurter Judengasse, im Ghetto großgeworden, stets wenig Gefallen fand an Heines offener Art, vielleicht auf dessen rheinische Verwurzelung zurückzuführen, die einherging mit einem höchst entwickelten Kunstsinn, einem heiter gestimmten Gemüt eben auch in religiösen Fragen, einer freien Sinnlichkeit und einer fast fröhlich zu nennenden Oppositionslust.

Kein Einfluß aber kommt wohl jenem gleich, den Heine in seinem Werk immer wieder beschworen hat, dessen Bilder sich leitmotivartig durch seine Schriften ziehen und an dem er bei aller späteren Relativierung stets festgehalten hat: der Einfluß, das Bild, die Ausstrahlung und die Bedeutung Napoleons, dessen Ritt durch den Düsseldorfer Hofgarten Heine am 2. November 1811 erlebte und dessen er in einer wichtigen, für das Verständnis des gesamten Werks höchst aufschlußreichen Passage in seinem Buch ‚Ideen. Das Buch Le Grand' fünfzehn Jahre später gedachte. Der große Eindruck dieses Bildes sollte sich auf Dauer tragfähiger erweisen als die zeitbedingte Weltschmerzattitüde des unglücklich verliebten 18-jährigen, mit der ihn ein durch alles Politische verstörtes Publikum aufgrund seiner schmerzlichen Hamburger Erfahrungen für lange Zeit identifizierte.

Heine war 1815 über Frankfurt nach Hamburg zu seinem Onkel Salomon, einem wohlhabenden Bankier, gekommen, auf den er bis zu dessen Tod finanziell angewiesen blieb und dem er in einer Art Haßliebe verbunden war. Heines unglückliche, nicht erwiderte Liebe zu den Hamburger Kusinen, erst zu Amalie, später zu deren Schwester Therese, die nicht nur Heine, sondern auch die biographisch orientierte Forschung des 19. Jahrhunderts geprägt hat, war zweifellos das auslösende Moment für Heines Dichten, hat ihn zur Produktion seiner frühen „Poesien (...); wie in Honig getauchter Schmerz" (HSA 20, 21) geführt, wie ein Brief 1816 vermerkte, ist aber allzulange als der einzige und eigentliche Grund seines Schreibens angesehen worden. Doch der war bereits vorher gelegt worden, im Düsseldorfer Hofgarten unter den Trommelschlägen eines napoleonischen Leutnants, dem Heine später den Namen Le Grand gab.

Dennoch sind die Hamburger Jahre wichtig, denn Heine fand hier früh Zugang zur Welt des aufsteigenden Wirtschaftsbürgertums seiner Zeit. Und sowohl für den Stil der späteren ‚Reisebilder' mit ihrer charakteristischen Mischung aus Personensatire, Gesellschaftsanalyse, Landschaftsbeschreibung und romantisch-utopischen Entwürfen als auch für die exakt recherchierten, kritisch-beobachtenden Zeitungskommentare und Korrespondenzartikel aus der bürgerlich-liberalen Pariser Szene der 30er und 40er Jahre sind Heines Hamburger Erfahrungen, denen der Besuch des Frankfurter Ghettos, die Begegnung mit den Lebensbedingungen des Ghettojudentums vorangegangen waren, von kaum zu unterschätzender Bedeutung.

Daß der Gründung einer eigenen Firma indes kein Erfolg beschieden war, verwundert im Hinblick auf die dichterischen Ambitionen Heines – erste Gedichte waren unter einem Pseudonym 1817 in der Zeitschrift ‚Der Wächter' erschienen – kaum. Nach Abbruch des vom Onkel geförderten Experiments ging der 22-jährige im Einvernehmen mit den Eltern nach Bonn, um an der neugegründeten Universität Jurisprudenz zu studieren.

Das Jahr, in dem Heine sein Studium aufnahm, war das Jahr der Karlsbader Beschlüsse, mit deren Hilfe Metternich nach der Ermordung Kotzebues durch den jungen Karl Sand 1819 die Restauration in allen deutschen Ländern endgültig zu etablieren versuchte. Heine hat gleich zu Beginn seines Studiums als Mitglied einer der durch Sands Tat in Verruf geratenen Burschenschaften die Konsequenzen dieser Politik zu spüren bekommen, als er mit anderen revolutionärer Tendenzen beschuldigt wurde. Gleichzeitig erlebte er in diesen Kreisen aber auch die ersten offenen antisemitischen Anpöbelungen, die sich später vielfach wiederholen sollten.

Wichtiger als die Bekanntschaft mit Wolfgang Menzel, dem späteren Gegner, wichtiger auch als die juristischen Vorlesungen bei Mackeldey und Welcker wurde für den jungen Dichter die Begegnung mit dem Gedankengut der deutschen Romantik. Heine hörte bei Arndt und Radlof, bei Hüllmann, vor allem aber bei August Wilhelm Schlegel, dem Heine nicht nur seine Gedichte vorlegte, sondern auch erste Versuche in Sonettform widmete. Schlegel führte Heine in die Gedankenwelt der Romantik ein, ließ ihm bei seinen poetischen Arbeiten metrische Hilfestellung zuteil werden – zeitlebens blieb Heine ein hervorragender Metriker – und erschloß ihm die orientalische Themen- und Motivwelt, die bis in das Spätwerk präsent ist.

Heines weiterer Weg, der ihn zunächst nach Göttingen, dann in die Weltstadt Berlin führte, wo er im Kreis Rahel Varnhagens und Friederike Roberts die bedeutendsten Persönlichkeiten des damaligen geistigen Lebens kennenlernte, ist wichtig im Hinblick auf den sich abzeichnenden literarischen Ruhm, dem Heine in dieser Zeit durch zahlreiche persönliche Beziehungen eine dauerhafte Grundlage zu geben vermochte. Zugleich läßt sich dieser Weg in den Themen und Formen seiner ersten größeren Publikationen verfolgen, die kritisch-ironisch oder sentimental-gebrochen Heines Schritte begleiteten. So ist Göttingen, der zweite Studienort, auf unnachahmliche Weise präsent im virtuos-polemischen Eingangskapitel der ‚Harzreise', mit der der junge Autor ein neues Kapitel nicht allein der Reiseliteratur, sondern der Literatur überhaupt eröffnete: die kritische, gleichermaßen poetische und politische Reisereportage, in der es Heine zum erstenmal gelang, Poesie und Witz auf so überzeugende Weise zu verbinden, daß daraus gleichsam ein Markenzeichen für die Heinesche Schreibart wurde.

Göttingen wurde aber auch wichtig durch die Bekanntschaft mit einigen der dort lehrenden Professoren, dem Philologen Beneke, dem Philosophen Bouterweck und dem Historiker Sartorius. Besonders Sartorius' Lehre vom Wechsel als dem bestimmenden Wesen aller Dinge läßt sich aus heutiger Sicht als eine der Grundlagen der Heineschen Dichtung, ihres charakteristischen Wechsels der Töne und der Tonarten ausmachen. Heine hat dem Lehrer auch später die Treue gehalten und sich in den ‚Memoiren' des einstigen Mentors dankbar erinnert.

Insofern war Heine, als er im März 1821 nach Berlin kam und in den Kreis – weniger wohl in den Bannkreis – Hegels geriet, bereits auf ein wichtiges Grundprinzip von dessen Lehre vorbereitet, hatte er es auf seine Weise auch schon in Form einer zerstörend-desillusionierenden Ironie in zahlreichen Gedichten erprobt. Dennoch gehörte die persönliche Bekanntschaft mit dem großen Philosophen jener Zeit zu den wichtigsten bleibenden Eindrücken der Berliner Jahre, neben der Einführung in die Dialektik durch Schleiermacher, der Freundschaft mit Immermann und dem Besuch der juristischen Kollegs des damals in hohem Ansehen stehenden Repräsentanten der sogenannten Historischen Schule, Friedrich Karl von Savigny.

In Berlin reifte Heine endgültig zum kritischen Gesellschaftsbeobachter und Berichterstatter. Er nahm Beziehungen zum ‚Verein für Kultur und Wissenschaft der Juden' auf und verfolgte aufmerksam die antisemitischen Tendenzen, die mit der Aufhebung des 1812 erlassenen judenfreundlichen Edikts offenbar wurden und in der Schließung der Synagoge einen ersten Höhepunkt erlebten. Auf Einladung eines Freundes bereiste er Polen und legte mit dem scharfsichtigen Bericht ‚Über Polen' ein erstes Beispiel seiner beißend-ironischen Gesellschaftsanalysen vor, die sich jetzt und später aus genauer Beobachtung, aber mehr noch aus tiefempfundenem Mitgefühl speisten: „Die Unterwürfigkeit des polnischen Bauers gegen den Edelmann ist empörend. Er beugt sich mit dem Kopf fast bis zu den Füßen des gnädigen Herrn, und spricht die Formel: ‚Ich küsse die Füße.' Wer den Gehorsam personifiziert haben will, sehe einen polnischen Bauer vor seinem Edelmann stehen; es fehlt nur der wedelnde Hundeschweif. Bei einem solchen Anblick denke ich unwillkürlich: Und Gott erschuf den Menschen nach seinem Ebenbilde! – und es ergreift mich ein unendlicher Schmerz, wenn ich einen Menschen vor einem andern so tief erniedrigt sehe." (B 2, 72)

In Berlin war sich Heine seiner Bestimmung bewußt geworden, und bevor er 1823 die Stadt verließ, versuchte er für den weiteren Weg Mitstreiter zu gewinnen, wie er vorausblickend an Immermann schrieb: „Kampf dem verjährten Unrecht, der herrschenden Torheit und dem Schlechten! Wollen Sie mich zum Waffenbruder in diesem heiligen Kampfe, so reiche ich Ihnen freudig die Hand. Die Poesie ist am Ende doch nur eine schöne Nebensache.“ (HSA 20, 62) Zunächst jedoch galt es, die Studien in Göttingen abzuschließen, wo sich Heine nach einem Aufenthalt bei den Eltern in Lüneburg und einer ersten Seereise nach Cuxhaven 1824 erneut immatrikulierte. Von hier aus brach er zu der berühmten Harzreise auf. Der daraus entstandene Reisebericht, eines der schönsten Prosawerke deutscher Sprache, endet vorzeitig mit dem Abstieg vom Brocken nach Ilsenburg. Heine schilderte den weiteren Verlauf der Reise über Wernigerode nach Halle, Naumburg und Jena bis nach Weimar nicht mehr, vielleicht im Hinblick auf dieses Ziel: in Weimar traf der 26-jährige am 2. Oktober mit dem 75-jährigen Goethe zusammen. Eine knappe Notiz in Goethes Tagebuch vermerkte: „Heine aus Göttingen.“ Es kam zu keiner näheren Beziehung zwischen den beiden so grundverschiedenen Naturen, und auch Heines Hinweis, er arbeite an einem Faust, war wenig geeignet, die Sympathie des Dichterfürsten zu gewinnen, dem Heine jedoch auch später nie eine gewisse Hochachtung versagte.

Nach der Rückkehr widmete sich Heine neben der Arbeit am bereits in Berlin begonnenen ‚Rabbi von Bacherach‘, einer Ghetto-Erzählung großen Stils, im Hinblick auf die angestrebte Berufslaufbahn verstärkt dem Abschluß seiner Studien. Um in dieser Hinsicht nicht von vornherein benachteiligt zu sein – und welcher Jude wäre das zu jener Zeit nicht gewesen, als im August 1824 das Verbot erging, Juden eine Professur an deutschen Hochschulen zu übertragen –, ließ sich Heine am 28. Juni 1825 in Heiligenstadt evangelisch-lutherisch taufen: aus Harry Heine wurde Heinrich Heine. Für ihn selbst war es zunächst wohl kein allzu schwerwiegender Schritt, denkt man an die recht freie Erziehung im Elternhaus zurück. Er sah darin kaum mehr als „das Entréebillett zur europäischen Kultur“ (B 6/1, 622) und, eine vergebliche Hoffnung, zur höheren Gesellschaft – und wurde sich schon sehr bald bewußt, daß „der nie abzuwaschende Jude“ von keinem Weihwasser abzuwaschen war: „Ich bin jetzt bey Christ und Jude verhaßt. Ich bereue sehr daß ich mich getauft habe", schrieb er ein halbes Jahr später an den Freund Moses Moser (HSA 20, 265).

Zu dieser Zeit lag das Studium bereits weit hinter ihm, das er am 20. Juli 1825 mit der Doktorprüfung zum Doktor beider Rechte abgeschlossen hatte. Poesie und Jurisprudenz – das immerhin hatte er mit Goethe gemeinsam, und sein Göttinger Mentor Professor Hugo verglich ihn denn auch aufgrund der bereits vorliegenden Veröffentlichungen – außer den verstreuten Zeitschriften-Drucken waren 1822 ,Gedichte' und ein Jahr später die ,Tragödien, nebst einem lyrischen Intermezzo' erschienen – mit dem großen Vorbild: ein im Hinblick auf das Selbstverständnis und Selbstbewußtsein des jungen Autors durchaus angemessener Vergleich.

Die zweite Hälfte der 20er-Jahre ist für Heine einerseits eine Zeit des Suchens, andererseits aber auch eine Zeit der endgültigen Etablierung als Schriftsteller. So wenig Erfolg er hatte, sich als Rechtsanwalt, Staatsbeamter oder Literaturprofessor zu installieren, so sehr gelang es ihm, sich als einer der berühmtesten jungen deutschen Autoren zu profilieren. Nicht wenig hat dazu die Bekanntschaft mit dem Verleger Julius Campe beigetragen, der in liberalem Geist für junge Schriftsteller wie Heine und Börne eintrat und sie auf dem literarischen Markt gegen große Widerstände mit einer geschickten, die zahlreichen Verbote unterlaufenden Geschäftspolitik durchzusetzen verstand. Als erstes Buch Heines erschien bei Campe 1826 der erste Teil der ,Reisebilder', und fortan galt Heine als einer der Campeschen Hausautoren. Nach Meinung des Verlegers ließ sich der Erfolg der ,Reisebilder' wiederholen, und zweifellos kam diese Art der Schriftstellerei sowohl Heines auf Abwechslung bedachtem Stil als auch seiner unabhängigen Lebensweise sehr entgegen. Die mannigfachen Reiseeindrücke, die Heine von seinen Besuchen in Hamburg, vor allem aber von seinen wiederholten Aufenthalten an der Nordsee mitbrachte, wurden durch umfangreiche literarische Studien ergänzt und vertieft – Homer und Tieck, Sterne, Scott und Madame de Staël sowie Werke über die römische Geschichte und immer wieder über Napoleon bildeten

Schwerpunkte –, was dem zweiten Teil der ‚Reisebilder', der 1827 erschien und neben der ‚Nordsee' auch das wichtige Buch ‚Ideen. Das Buch Le Grand' mit der Düsseldorfer Napoleon-Thematik umfaßte, abzulesen war.

Heines gleichzeitig unternommene England-Reise deutete auf eine Fortsetzung der so erfolgreich begonnenen Reiseschriftstellerei voraus, auf die er sich in Hamburg durch zahlreiche gesellschaftliche Kontakte, Bekanntschaften und Freundschaften u.a. mit Friedrich Merckel und Wit von Dörring sowie durch eifrigen Besuch des Theaters vorbereitet hatte. Ausgestattet mit einem Kreditbrief des Onkels – eigentlich nur zur Vorlage gedacht, von Heine aber sofort im Hinblick auf die anschließend geplante Italienreise eingelöst – verbrachte er den Sommer in London und in den englischen Seebädern, unzufrieden mit dem schlechten Wetter, gehemmt durch seine mangelnden Sprachkenntnisse und der liberalen Politik jener Jahre weitgehend fremd gegenüberstehend. Dennoch waren die englischen Erfahrungen wichtig, weil Heine hier vertiefte Einsichten in den kapitalistischen Entwicklungsprozeß gewann, der in England sehr viel weiter fortgeschritten war als in den verschiedenen deutschen Einzelstaaten.

Als Cotta ihm eine gutdotierte Redakteurstelle in Aussicht stellte, reiste er über Holland, die Nordseebäder und Hamburg in den Süden, machte in Frankfurt Halt bei Börne, traf in Stuttgart mit Wolfgang Menzel zusammen und erreichte, nachdem ihn Württemberg als Verfasser der ‚Reisebilder' des Landes verwiesen hatte, im November München, wo er Mitherausgeber der ‚Neuen allgemeinen politischen Annalen' wurde. Erneut machte er sich – die ‚Englischen Fragmente' waren inzwischen erschienen – Hoffnungen auf eine Professur, die sich jedoch aufgrund der antisemitischen Angriffe aus dem Kreis des extrem konservativen Katholizismus um den Theologen Ignaz von Döllinger, einen Lehrer Platens, zerschlugen. Ludwig I. lehnte die Berufung Heines ab, – einer der Anlässe für die schon lange geplante Italienreise, zu der Heine am 4. August aufbrach. Über Trient gelangte er nach Verona und Mailand, besuchte angeblich die Schlachtfelder

1. „So sah ich aus, heute Morgen, den 6ten April 1929“ Porträtzeichnung von Franz Kugler (Landschaftsverband Rheinland)

2. Bronzeplakette aus der Werkstatt von Pierre-Jean David d'Angers, 1834 (Landschaftsverband Rheinland)

von Marengo, blieb einige Tage in Genua, wo er begann, was er immer auf Reisen begonnen hatte, eine Reisebeschreibung, eine ‚Reise nach Italien', wie das Buch ursprünglich heißen sollte. Bekanntgeworden ist es freilich vor allem aufgrund der Partien über die ‚Bäder von Lucca', wo sich Heine längere Zeit aufhielt, bevor er die Reise nach Florenz, Bologna, Ferrara und Padua nach Venedig fortsetzte, wo er mit Leopold von Ranke zusammentraf. Aufgrund schlechter Nachrichten aus der Heimat – endgültige Ablehnung der Professur und Erkrankung des Vaters – trat Heine auf demselben Wege, auf dem er gekommen war, vorzeitig die Heimreise an, ohne Rom, das eigentliche Ziel zahlreicher Italienreisender vor ihm gesehen zu haben. Und während die ersten Teile der italienischen Reisebilder in Cottas ‚Morgenblatt' erschienen, traf Heine wenige Wochen nach dem Tod des Vaters, der am 2. Dezember gestorben war, zu Beginn des Jahres 1829 wieder in Hamburg ein.

Nachdem Ende des Jahres 1829 die ‚Reisebilder. Dritter Teil' mit der ‚Reise von München nach Genua' und ‚Die Bäder von Lucca' und der Platen-Polemik erschienen waren, war für Heine auch aufgrund der sich daran knüpfenden Streitigkeiten, die ihm engste Freunde wie Moses Moser entfremdet hatten, die Zeit gekommen, Bilanz zu ziehen. Innerhalb von zehn Jahren war es ihm gelungen, sich in Deutschland einen Namen zu machen und als Schriftsteller ein Profil zu gewinnen, das er im Guten wie im Schlechten fortan bewahren sollte: als Lyriker des ‚Buchs der Lieder', vor allem aber als Verfasser der ‚Reisebilder' wurde er von einem Teil des Publikums ebenso sehr bewundert und geliebt, wie er von einem größeren Teil aufgrund seiner heftigen Attacken gegen Adel und Klerus abgelehnt, ja gehaßt wurde. Während man ihn in den intellektuellen Künstlerkreisen feierte, war er dem Bürger in hohem Maße unheimlich geworden, ein schillernder Oppositioneller, ein widerborstiger Außenseiter. Da zudem alle Versuche, in der bürgerlichen Gesellschaft Fuß zu fassen, gescheitert waren – zuletzt hatte er sich in Berlin um eine Privatdozentur, dann in Hamburg gar um eine Stelle als Ratssyndikus vergeblich beworben –, war es zugleich eine Zeit der persönlichen Verunsicherung: noch immer war er, den die Schriftstellerei allein nicht zu ernähren vermochte, vom reichen Onkel in Hamburg abhängig, ein seltsamer, wohl auch beklemmender Kontrast zu der Unabhängigkeit des Denkens und Schreibens, die er in seinen Büchern, am radikalsten vielleicht 1831 in der ‚Einleitung zu Kahldorf über den Adel' unter Beweis gestellt hatte.

Als er diese Arbeit, seine wichtigste Positionsbestimmung jener Jahre, im Frühsommer 1831 abschloß, war er geistig schon längst woanders, im Frankreich der Nach-Julirevolution. Das Ereignis der französischen Julirevolution hatte ihn auf Helgoland überrascht und ihm aus allen persönlichen und beruflichen Schwierigkeiten heraus den Weg zu einem neuen Betätigungsfeld gewiesen. Der Enthusiasmus, der ihn damals ergriff, läßt sich den gewiß nachträglich stilisierten ‚Briefen aus Helgoland' ablesen, die später Eingang ins ‚Börne'-Buch gefunden haben: „Ich weiß jetzt wieder was ich will, was ich soll, was ich muß ... Ich bin der Sohn der Revolution und greife wieder zu den gefeiten Waffen (...) reicht mir die Leier, damit ich ein Schlachtlied singe ... Worte gleich flammenden Sternen die aus der Höhe herabschießen und die Paläste verbrennen und die Hütten erleuchten (...) Ich bin ganz Freude und Gesang, ganz Schwert und Flamme!" (B 4, 53) Es ist, als habe die nun möglich erscheinende Verwirklichung eines poetisch-politischen Programms, das Büchners Fanal des ‚Hessischen Landboten' aus dem Jahre 1835 vorwegnahm, dem Autor den Weg gewiesen, auf den er bereits lange gehofft hatte. Der Pariser Aufstand befreite ihn aus einem Dilemma und führte zugleich zu einer neuen, radikaleren Selbstbestimmung als Dichter am Ausgang der Kunstperiode. So schrieb er am 19. November an Varnhagen: „Ich weiß sehr gut, daß die Revoluzion alle sozialen Interessen umfaßt." (HSA 20, 422) In diesem Kontext gewann auch das Bild von Hütte und Palast, obwohl aus der Literatur vertraut, den über den Bereich künstlerischer Reflexion hinausreichenden Charakter einer Parole, die sich in der Wirklichkeit auch politisch zu realisieren versuchte. Mit der nachdrücklichen Selbstbestimmung „Ich bin ganz Freude und Gesang, ganz Schwert und Flamme!" umriß Heine zugleich die wesentliche Leitmotivik seiner Dichtung, in der die volkstümliche Liedtradition ebenso wie die revolutionäre Bewegung des siècle des lumières aufschien und weiterhin noch heller aufscheinen sollte.

Heine kam indes keineswegs nach Paris, um Franzose zu werden, ja nicht einmal, um ins Exil zu gehen: von einem solchen wird man erst nach dem Bundesverbot des Jahres 1835 sprechen können. Heine suchte zunächst vielmehr den Ort, von dem aus er Europa und dessen Zukunft besser begreifen konnte, wo er sich also in die Lage versetzt sah, das im Entstehen Begriffene besser beobachten, analysieren und beschreiben zu können. Durch die Ereignisse des Revolutionsjahres waren die Völker des alten Kontinents erneut in Bewegung geraten, hatten die Ideen von 1789 eine Aktualisierung erfahren, begann sich ein anderes, neues Europa am historischen Horizont abzuzeichnen. Es schien sich zu bestätigen, was er zwei Jahre zuvor in der ‚Reise von München nach Genua' konstatiert hatte, „es gibt jetzt in Europa keine Nationen mehr, sondern nur Parteien" (B 2, 376). War es verwunderlich, daß er diese Entwicklung aus nächster Nähe, in der „Hauptstadt der Revolution", in Paris miterleben wollte? Am 1. Mai verließ er Hamburg, und drei Wochen später, am 19. Mai 1831 traf er in der französischen Hauptstadt ein.

Er war zu dieser Zeit längst auch für die Franzosen, also nicht nur für die in Paris ansässigen deutschen Emigranten, kein Unbekannter mehr. Beigetragen haben mag dazu der besondere Stil der ‚Reisebilder', die mit ihren lebhaften Schilderungen, ihrem Humor, ihrer pointierten Ironie dem französischen Esprit entgegenkamen und, halb Erzählung, halb Journalismus, den Namen Heines in den Pariser Künstlerkreisen bekanntgemacht hatten. Nur so läßt sich erklären, daß er in kurzer Zeit Zugang zu allen Schichten der Pariser Gesellschaft fand, zu den Salons des Geldadels ebenso wie zu den deutschen Emigrantengruppen, die sich um Börne geschart hatten. Diese einzigartige Stellung innerhalb des französischen

Kulturlebens begann Heine sofort planmäßig zu festigen, und fortan schrieb er sowohl für den deutschen als auch für den französischen Literaturmarkt, konzentrierte er sich hier wie dort auf die eigentliche Mission seines Lebens und seines Werkes: „Es war die große Unternehmung meines Lebens, am herzlichen Einvernehmen zwischen Deutschland und Frankreich zu arbeiten und die Ränkespiele der Feinde der Demokratie zu vereiteln, die die zwischennationalen Feindseligkeiten und Vorurteile zu ihren Gunsten ausschlachten.“ (B 6/2, 294)

Die Voraussetzungen waren dafür günstig: Paris mit damals knapp einer Million Einwohner stand nach der Revolution von 1830 ganz im Zeichen des Siegs der liberalen Finanzbourgeoisie und der Juste-Milieu-Politik des Bürgerkönigs Louis Philippe. Das Interesse für deutsche Kunst und Literatur, deutsche Philosophie und Politik war seit dem Werk Madame de Staëls ‚De l'Allemagne' nicht abgerissen, und Heine kam mit seinen Arbeiten der 30er Jahre dem wechselseitigen Wissensbedürfnis entgegen: während die großen Deutschland-Schriften, die ‚Romantische Schule' und ‚Zur Geschichte der Religion und Philosophie in Deutschland' im wesentlichen für das französische Publikum berechnet waren, entstanden die Berichte aus Paris, also die ‚Französischen Maler', ‚Französische Zustände', ‚Über die französische Bühne', schließlich auch die wichtigste Frankreich-Schrift, die späte ‚Lutetia', in der Absicht, die deutschen Leser mit den gesellschaftspolitischen und künstlerischen Entwicklungen in dem Land bekanntzumachen, das auf der Bahn der Weltgeschichte am weitesten vorangeschritten war. Daß aufgrund dieser Arbeiten bereits 1834/35 bei Eugène Renduel in Paris eine erste fünfbändige französische Werkausgabe erscheinen konnte – ein geplanter sechster Band mit der Lyrik kam damals nicht zustande –, verdeutlicht die überragende Stellung, die Heine unter den exilierten Autoren in Frankreich einnahm.

Noch ein weiterer Umstand erleichterte Heine den raschen Kontakt mit wichtigen Kreisen der französischen Hauptstadt. Bereits vor seiner Abreise aus Deutschland hatte er sich in

Hamburg mit den Werken der Saint-Simonisten befaßt und ihre Hauptideen im Februar 1831 als sein „neues Evangelium" bezeichnet: „Ich packe meinen Koffer und reise nach Paris, um frische Luft zu schöpfen, ganz den heiligen Gefühlen meiner neuen Religion mich hinzugeben, und vielleicht als Priester derselben die letzten Weihen zu empfangen", hatte er im April an den Freund Varnhagen geschrieben (HSA 20, 435). Auch wenn Heine diese letzten Weihen erspart blieben, so reiste er doch im guten Glauben – der Simonist Hartwig Hesse hatte Geld für die Reise beigesteuert –, im Kreis der Saint-Simonisten, zu dem er sofort nach seiner Ankunft Beziehungen aufnahm, ein ihm gemäßes Betätigungsfeld, vor allem aber die ihm adäquaten Mitstreiter zu finden. In der Redaktion des ‚Globe', der schon am 22. Mai Heines Ankunft gemeldet hatte, traf er mit den Anhängern und Schülern des Grafen Henri Saint-Simon, mit Michel Chevalier und Prosper Enfantin, dem „Père suprême" der Anhänger dieser Lehre zusammen, deren Zahl in Paris sich damals auf ca. 30000 belief.

Was zog Heine bei dieser Gruppe so sehr an, daß seinen Schriften der 30er Jahre der entprechende Einfluß deutlich abzulesen ist, daß er sogar eines der wichtigsten Werke dieser Epoche, ‚Zur Geschichte der Religion und Philosophie in Deutschland', 1835 Prosper Enfantin widmete, eine Widmung, die zwanzig Jahre später bei der zweiten Auflage im Hinblick auf Heines gewandelte Grundeinstellung nicht wiederholt wurde? Enfantin und Chevalier hatten sich von den wirtschaftlichen Reformansätzen Saint-Simons mehr und mehr gelöst und der Bewegung einen religiös-reformatorischen Sektencharakter gegeben, der Heine nicht gestört zu haben scheint, wie die brieflichen Äußerungen belegen. Innerhalb dieser Akzentverschiebung hatten sie die schon weitgehend auf der Lehre von der Klassenauseinandersetzung basierende Geschichtstheorie um wichtige Aspekte erweitert, die nun alle Lebensbereiche betrafen und die ideologische Frage nach dem sozialen und dem technisch-industriellen Fortschritt mit der anderen nach der „Rehabilitation des Fleisches", der Wiedereinsetzung körperlicher Bedürfnisse und Genüsse verbanden. Gerade dieser Aspekt einer grundlegenden Revision des christlichen Spiritualismus hat Heine wohl ebenso fasziniert wie die sozialen Theorien der Saint-Simonisten, die eine Neuordnung der sozialen Zustände durch die Aufhebung des Privateigentums und aller ständischen Privilegien sowie eine gerechte Verteilung des Lohns vor allem zugunsten der ärmeren Klassen propagierten. Während die anderen Bewegungen der französischen Frühsozialisten, die Heine gut kannte, wie etwa Fourier oder Lamenais gegenüber dem umfassenderen saint-simonistischen Anspruch einseitig nur eine Änderung der politischen Machtverhältnisse anstrebten, ging es bei Enfantin um eine Veränderung des ganzen Menschen. Deshalb fanden sich diese Ideen auch dann noch in den Werken Heines, als die Gruppe nach 1832 zunächst verboten wurde, schließlich aufgrund interner Streitigkeiten mehr und mehr zerfiel, ja sogar noch, als Heine in den vierziger Jahren weit über das Denken des utopischen Sozialismus hinausgelangt war.

Dennoch ist Heine gewiß nie ein orthodoxer Saint-Simonist gewesen. Der geschworene Feind aller positiven Religionen blieb ein aufmerksamer Beobachter, aber aus der Distanz. Er nahm auf, was seinem Denken entsprach, anderes lehnte er ebenso entschieden ab wie etwa den angestrebten reformerischen Ausgleich zwischen Kapital und Arbeit oder die saint-simonistische Doktrin eines produktiven Unternehmertums. Gefördert wurde erneut Heines Kenntnis sozialer Fragen und Belange insgesamt; gestärkt wurde das Bewußtsein von der notwendigen Veränderung der gesellschaftlichen Zustände. Geschärft wurde der Blick für alle Bewegungen, die sich in Frankreich anschickten, politische und soziale Revolutionen in die Wege zu leiten. Und viele der späteren, klug vorausschauenden Urteile über die Kommunisten etwa lassen sich nur aus Heines Vertrautheit mit dieser sozialutopischen Bewegung, ihren Vorstellungen und Ideen, ihren Organisationsformen und ihrer Rolle in der Gesellschaft erklären. Über die literarische Bedeutung hinaus sind deshalb Heines Berichte aus der untergründig bewegten Zeit des Juste-Milieu auch für den Historiker von kaum zu unterschätzendem Wert.

Heines eigene Auffassung, die Zuversicht, die eigentlichen Interessen der Gegenwart geltend machen zu können sowohl gegen die rückwärtsgewandten Vergangenheitsbeschwörer im Umkreis der aufs Mittelalter orientierten Spätromantiker wie gegen die utopischen Schwärmer, die Zukunftsbeglücker, die immer wieder auf den Sankt-Nimmerleins-Tag vertrösteten, fand in der Begegnung mit der Gruppe um Enfantin zumindest teilweise eine Bestätigung. Noch vor der Übersiedlung nach Frankreich hatte er sein Credo 1830 in einem erst aus dem Nachlaß bekannt gewordenen kleinen Aufsatz ausgesprochen, den der spätere Herausgeber ,Verschiedene Geschichtsauffassung' überschrieb: „Das Leben ist weder Zweck noch Mittel; das Leben ist ein Recht. Das Leben will dieses Recht geltend machen gegen den erstarrenden Tod, gegen die Vergangenheit, und dieses Geltendmachen ist die Revolution. (...) die Schwärmerei der Zukunftbeglücker soll uns nicht verleiten, die Interessen der Gegenwart und das zunächst zu verfechtende Menschenrecht, das Recht zu leben, aufs Spiel zu setzen. –" (B 3, 23) Folgerichtig gipfelt Heines realdialektische Geschichtsphilosophie, an der er bis zum Lebensende festgehalten hat, als Metareflexion von Aufklärung im Wort Saint-Justs, mit dem der Aufsatz programmatisch schließt: „Le pain est le droit du peuple, sagte Saint-Just, und das ist das größte Wort, das in der Revolution gesprochen worden." (Ebd.)

Ab Mitte der 30er Jahre war Heine in Paris so etwas wie eine Institution geworden, deren Besuch sich kein Paris-Besucher versagen konnte: Grillparzer, Hebbel, Laube, Wagner, Mickiewicz und andere suchten den berühmten Autor auf, der zugleich unter den französischen Künstlern die größte Anerkennung genoß: Balzac, Gautier, Hugo, Michelet, Mignet, Musset, de Vigny, Sainte-Beuve, Bellini, Berlioz, Cherubini, Chopin, Liszt und Rossini zählten ebenso zu seinem Bekanntenkreis wie die einflußreichsten Politiker jener Jahre: Guizot und Thiers. Hinzu kamen die bedeutendsten Frauen der Metropole, Freundinnen und Gönnerinnen wie die Frau James de Rothschilds und die Gräfin d'Agoult, die Mutter Cosima

Wagners, die italienische Fürstin von Belgiojoso und die Autorinnen Sarah Austin und George Sand, in deren Salon er verkehrte.

Seit dem Herbst 1834 lebte Heine mit der Französin Eugénie Crescentia Mirat, von ihm Mathilde genannt, die er sieben Jahre später heiratete, mit Rücksicht auf ihre Eltern sogar nach katholischem Zeremoniell – für den geschworenen Feind aller positiven Religionen wohl eher ein äußerliches Zugeständnis als eine innere Revolution. Über diese Ehe ist zumindest ebensoviel geschrieben und spekuliert worden wie über Goethes Heirat mit Christiane Vulpius. Gehörte Mathilde zum Kreis der ‚Verschiedenen', der ersten Pariser Amouren Heines? Was zog ihn dann bei ihr mehr an als bei den anderen, zumal er in den höchsten Kreisen mit einer ganzen Schar intelligenter, gutaussehender Frauen bekannt war? Beides war Mathilde mit Sicherheit nicht. Charakteristisch scheint für sie eher eine ungezwungene Sinnlichkeit und eine gehörige Portion von Naivität gewesen zu sein. Beides muß den achtzehn Jahre älteren Heine mehr angesprochen haben als eine intellektuelle Ausstrahlung, die er woanders fand, mehr auch als eine mögliche Musenrolle, als die sie in seiner Dichtung nicht präsent ist. Die wenigen Gedichte, die ihr gelten, zeigen Heine in der Rolle eines fürsorglichen Gatten für eine Frau, die ihn in seiner geistigen und künstlerischen Bedeutung kaum verstand, die aber andererseits sich gut in das Programm neuer zwischenmenschlicher Beziehungen, in die saint-simonistische Glaubenslehre jener Jahre einfügte, als Verkörperung eines freien, ungezwungenen Sensualismus, als vorweggelebte, -geliebte Utopie.

Zu der persönlichen Bindung kam schließlich noch eine gleichsam offizielle, auch wenn diese erst nach der Revolution des Jahres 1848 öffentlich bekannt wurde – und Heine viel Kritik zuzog. Als im Dezember 1835 durch das Bundestagsverbot des sogenannten Jungen Deutschland Heines Werk in Preußen verboten worden war, seine literarischen Arbeitsmöglichkeiten sich also entscheidend verschlechtert hatten, bewilligte ihm die französische Regierung nach wiederholten

Bemühungen einflußreicher Persönlichkeiten, zu denen Mignet, Guizot und Thiers zählten, ab 1840 eine Pension von jährlich 4800 frcs., die bis zum Ende der Regierungszeit Louis Philippes bezahlt wurde: neben der kleinen Rente, die sein Onkel ihm zukommen ließ, eine wichtige finanzielle Absicherung eines Schriftstellers, von dem man, allen Vorwürfen nach 1848 zum Trotz, kaum wird sagen können, er habe sich durch diese Pension von der Regierung kaufen lassen.

Die finanzielle Unterstützung mußte Heine vor allem im Hinblick auf die kostspieligen Badereisen zustattenkommen, denen er sich immer häufiger zu unterziehen hatte, seit sich ab 1832 die schleichende Krankheit immer stärker bemerkbar machte. Auf nervöse Spannungszustände, über die er schon in Deutschland geklagt hatte, folgten ab Mitte der 30er Jahre Durchblutungsstörungen, häufige Sehschwierigkeiten und erste Lähmungserscheinungen, wahrscheinlich nicht, wie mit ihm Mit- und Nachwelt annahmen, als Spätfolgen einer Syphilis, sondern als Symptome einer myatrophischen Lateralsklerose, die ihn im Frühsommer 1848 endgültig an das Bett, seine „Matratzengruft", fesselte.

Es muß ihm ein kleiner Lichtblick in dieser von trüben Lebensäußerungen erfüllten Zeit gewesen sein, daß es ihm gelang, mit Campe zu einer Übereinkunft über eine „durchgesehene, verbesserte und vermehrte" Gesamtausgabe aller bisherigen Schriften zu kommen. Heine verkaufte dem Verleger die Rechte auf elf Jahre für 20000 frcs. – und erlebte das Erscheinen der Ausgabe schließlich doch nicht mehr: erst fünf Jahre nach seinem Tod begann Campe mit der Veröffentlichung der ‚Sämtlichen Werke H. Heines' in 19 Bänden, der ersten rechtmäßigen Gesamtausgabe in deutscher Sprache.

Neben der unaufhaltsam voranschreitenden Krankheit überschatteten andere Ereignisse Heines mittlere Jahre in Paris: die negative Aufnahme des ‚Börne'-Buchs in Deutschland belastete Heines Ruf auf lange Zeit, die leidige Duell-Affäre mit dem Frankfurter Bankier Salomon Strauß, dem Ehemann von Börnes Freundin Jeanette Wohl, der Heine 1841 leicht verletzte, tat ein übriges; die Erbschaftsauseinandersetzungen mit der Hamburger Familie, die 1845 begannen, sollten sich über Jahre hinziehen; und schließlich betrübten ihn die traurigen Erfahrungen der neuerlich gescheiterten Revolution: „In demselben Maße wie die Revolution Rückschritte macht, macht meine Krankheit die ernstlichsten Fortschritte (...)" (HSA 23, 175) Ein Kreis schien sich zu schließen, aus dem er kaum einen Ausweg sah.

Daneben nahmen sich die beiden Reisen nach Hamburg 1843 und 1844, die zum Wiedersehen mit der Mutter führten, und die enge Beziehung zum Kreis der intellektuellen Sozialisten um Marx und Ruge in dieser Zeit nur wie vorübergehende Lichtblicke aus, zumal Marx und andere Mitarbeiter des ‚Vorwärts' zu Beginn des Jahres 1845 auf Druck der preußischen Regierung aus Frankreich ausgewiesen wurden. Dennoch ist gerade die Freundschaft mit Marx und die vorübergehende Mitarbeit an den ‚Deutsch-Französischen Jahrbüchern' und dem ‚Vorwärts', wo 1844 ‚Deutschland. Ein Wintermärchen' abgedruckt wurde, für die weitere Entwicklung Heines von großer Bedeutung gewesen.

Im Umgang mit der sogenannten Hegelianischen Linken, zu deren theoretischen Positionen Heine in den 30er Jahren mit seinen literatur- und philosophiegeschichtlichen Arbeiten einen wichtigen Beitrag beigesteuert hatte, konnte er erneut an die gemeinsamen theoretischen Voraussetzungen, an Hegel, anknüpfen und zugleich seine Stellung in der Auseinandersetzung mit der kleinbürgerlich-republikanischen Opposition in Deutschland befestigen – ein nicht unwichtiger Flankenschutz für seine vielfältige politische Dichtung der 40er Jahre. Daneben profitierte das wiederaufgenommene Vermittlungswerk zwischen Deutschland und Frankreich, das Heine 1840 mit den ‚Pariser Berichten' für die ‚Allgemeine Zeitung', dann ab 1843 für Laubes ‚Zeitung für die elegante Welt' fortführte, von den vertieften Einsichten, die er im Umgang mit den bedeutendsten der Linken gewann. Seine kritische Durchleuchtung der sich immer deutlicher herausbildenden bürgerlichen Gesellschaft, als deren eigentlichen Helden er bereits lange vor seiner Begegnung mit Marx die soziale

Bewegung ausgemacht hatte, bewies in ihrer Analyse von Wirtschaft, Politik, Parlament, Presse, Kultur- und Kunstbetrieb, Wissenschaft, Frauenemanzipation des damals am weitesten entwickelten Landes, Frankreichs, einen erstaunlichen Weitblick. Daß in der Börse, dem Umschlagplatz der Kapitalzirkulation, die eigentliche Macht des Staates konzentriert war und nicht in den Parteien und Parlamenten, war eine Erkenntnis, die er vornehmlich im Umgang mit den berühmten Bankiers der Zeit, vor allem mit James de Rothschild gewonnen hatte; daß die gefährlichsten Antagonisten der herrschenden Bourgeoisie die Kommunisten waren, hatte er früh in der Beobachtung der progressiven Gesellschaftslehren und -bewegungen begriffen, nach der Begegnung mit Marx und Engels wurde ihm die Voraussage des Jahres 1842 zur unumstößlichen, nie unkritisch gesehenen und kommentierten Gewißheit: „Dieser Antagonist bewahrt noch sein schreckliches Inkognito und residiert wie ein dürftiger Prätendent in jenem Erdgeschoß der offiziellen Gesellschaft, in jenen Katakomben, wo unter Tod und Verwesung das neue Leben keimt und knospet. Kommunismus ist der geheime Name des furchtbaren Antagonisten, der die Proletarierherrschaft in allen ihren Konsequenzen dem heutigen Bourgeoisieregimente entgegensetzt. Es wird ein furchtbarer Zweikampf sein." (B 5, 405) Unabhängig von ihrem glänzenden, oft polemisch zugespitzten Stil sind deshalb die journalistischen Arbeiten der 40er Jahre, allen voran ‚Lutetia', wichtig als wertvolle historiographische Zeugnisse einer Epoche, in der sich mehr vorbereitet, Größeres abzeichnet als die Revolution des Jahres 1848.

Das Scheitern dieser Revolution, die Heine ganz anders als die Julirevolution des Jahres 1830 von Anfang an kaum zu begeistern vermochte, ging einher mit dem endgültigen körperlichen Zusammenbruch. „Der Spektakel hat mich physisch und moralisch sehr heruntergebracht. Ich bin so entmuthigt, wie ich es nie war. (...) Du hast keinen Begriff davon, welche Misère jetzt hier herrscht. Die ganze Welt wird frey und bankrott", schrieb er am 30. März des Revolutionsjahres an die Mutter (HSA 22, 270). Einen guten Monat später, Mitte Mai, brach er nach eigenen Angaben beim Besuch des Louvre vor der Venus von Milo zusammen – vielleicht ein bewußt stilisiertes, in jedem Fall ein symbolträchtiges Bild.

Heine hatte aus den Erfahrungen der Julirevolution und aus seinen Analysen des Juste Milieu gelernt: daß die armen Leute unter den gegebenen Umständen wenig zu erwarten hatten, bedingte im Revolutionsjahr die Angst des Revolutionärs vor der Revolution. Und mitspielen mochte auch die Angst vor den „Doktoren der Revolution", wie er 1854 in einem Artikel der Pariser ‚Revue des deux mondes' formulieren sollte, die wie der Marx der ‚Klassenkämpfe in Frankreich' die Niederlagen allein im Lichte eines revolutionären Fortschrittes sahen und bewerteten, nicht aber im Blick auf die unmittelbaren Leiden der Gegenwart, wie er Heine, geschärft durch die eigenen Schmerzen, eigen war. Allem Fortschrittsoptimismus und allem Vertrauen in den notwendig sich entwickelnden Geschichtsablauf zum Trotz hielt Heines Gewissen gerade in jenen Tagen als Mitleid an der für ihn bestimmenden, unabweisbaren Einsicht fest, die er in den ‚Französischen Zuständen' gemeint hatte, als er schrieb: „(...) die Gräber sind wahr." (B 3, 164)

Bedrückend war dabei die Gewißheit, daß er gerade in diesem Augenblick nicht eingreifen konnte, krank, müde, überfordert und gefesselt war: „Die Nachrichten, die ich aus meinem Vaterland erhalte, vergrößern meine Qual. In dem Augenblick, wo es darum geht, mit größter Anstrengung das Werk meines ganzen Lebens fortzuführen, bin ich zur Trägheit verdammt, und ich kann nicht einmal den Notschreien meiner Freunde antworten, die von mir die gewohnte Hilfe erwarten." (HB 296)

Von Schmerzen geplagt, die vom Morphium nur halbwegs und nie auf Dauer betäubt werden konnten, zum Skelett abgemagert, an Kreislauf- und Stoffwechselstörungen leidend, blieb Heine dennoch mit einer geistigen Regsamkeit, die in auffälligem Kontrast zu der Hinfälligkeit des Körpers stand, Mittelpunkt eines Kreises von Besuchern: die beiden umfangreichen Bände ‚Begegnungen mit Heine. Berichte der Zeitgenossen' legen Zeugnis ab von der nicht nachlassenden Ausstrahlung Heines, die sich auch im mannigfachen Briefwechsel dieser Epoche spiegelt.

Als wollte der Geist dem körperlichen Zustand nur umso nachdrücklicher widersprechen – nochmals ein Widerspruch und nicht der letzte in Heines Leben –, zwang er dem Leidenden die großen Poesien des Spätwerks als Ausdruck eben dieser Situation ab. Der nicht nachlassenden Lektüretätigkeit trat die Arbeit an der zweiten französischen Gesamtausgabe, die Vorbereitung der deutschen in Zusammenarbeit mit Campe, traten auch Finanzgeschäfte aller Art an die Seite. Und jetzt stellte sich auch noch einmal eine Liebesbeziehung ein, die über das Verhältnis zu Mathilde zweifellos hinausging und sich niederschlug in einigen der schönsten deutschen Liebesgedichte, den Gedichten für die Mouche, für Elise Krinitz, die den Dichter bereits in den 40er Jahren verehrt hatte und nun in den letzten Jahren häufiger um ihn war, ihm bei den Arbeiten für die Gesamtausgaben ebenso half wie bei der Fixierung der letzten Gedichte, die Heine nicht mehr selbst niederschreiben konnte: wohl der einzige Lichtblick in einer Situation, die hoffnungslos war. „In meine dunkle Zelle dringt / Kein Sonnenstrahl, kein Hoffnungsschimmer, / Ich weiß, nur mit der Kirchhofsgruft / Vertausch ich dies fatale Zimmer." (B 6/1, 202)

Jetzt erfüllte sich buchstäblich, was Heine in der ‚Geschichte der Religion und Philosophie in Deutschland' bildlich vorweggenommen hatte, als er schrieb: „Ich bin der Krankste von Euch allen und um so bedauernswürdiger, da ich weiß was Gesundheit ist" (B 3, 594). Und der sensualistische Genußkatalog, den Heine in den 30er Jahren aufgeblättert hatte und der stets mehr für ihn gewesen war als nur ein fröhlicher Hedonismus, nämlich die vorweggenommene, vorweggelebte Utopie des befreiten Menschen, kehrte jetzt wieder als Trauer um ein für ihn auf immer verlorenes irdisches Paradies: „Wenn ich auch nicht gleich sterbe, so ist doch das Leben für mich auf immer verloren und ich liebe doch das Leben mit so inbrünstiger Leidenschaft. Für mich giebt es keine schöne

Berggipfel mehr, die ich erklimme, keine Frauenlippe, die ich küsse, nicht mal mehr ein guter Rinderbraten in Gesellschaft heiter schmausender Gäste;“ (HSA 22, 294)

In dieser Situation suchte und fand er noch einmal einen Gesprächspartner, von dem er keine Erlösung, wohl aber Linderung der Not erwartete, indem er ihn zum Adressaten seiner Klagen machte, zum Widerpart, mit dem er hadern und rechten konnte über das eigene, als ungerecht empfundene Schicksal; in dieser aussichtslosen Lage erfand er den persönlichen Gott als letzten persönlichen Freund. „Was man von meiner jetzigen Gläubigkeit und Frömmelei herum erzählt, ist mit vielem Unsinn und noch mehr Böswilligkeit vermischt“, schrieb er am 25. Januar 1850 an Laube, und im Hinblick auf das Verständnis des späten Heine lohnt sich eine genauere Betrachtung seiner Argumentation: „Es hat sich in meiner religiösen Gefühlsweise gar keine so große Veränderung zugetragen und das einzige innere Ereigniss, wovon ich Dir mit Bestimmtheit und mit Selbstbewußtseyn etwas melden kann, besteht darin, daß auch in meinen religiösen Ansichten und Gedanken eine FebruarRevoluzion eingetreten ist, wo ich an der Stelle eines frühern Prinzips, das mich doch früherhin ziemlich indifferent ließ, ein neues Prinzip aufstellte, dem ich ebenfalls nicht allzu fanatisch anhänge und wodurch mein Gemüthszustand nicht plötzlich umgewandelt werden konnte: ich habe nämlich, um Dir die Sache mit einem Wort zu verdeutlichen, den Hegelschen Gott oder vielmehr die Hegelsche Gottlosigkeit aufgegeben und an die Stelle das Dogma von einem wirklichen, persönlichen Gotte, der außerhalb der Natur und des Menschen Gemüthes ist, wieder hervorgezogen. Dieses Dogma, das sich ebensogut durchführen läßt, wie unsere Hegelsche Synthese, haben am tiefsinnigsten, laut den Zeugnissen der Neoplatonischen Fragmente, schon die alten Magier dargestellt, und später in den Mosaischen Urkunden tritt es mit einer Wahrheitsbegeisterung und einer Beredsamkeit hervor, welche wahrlich nicht bei unsern neuern Dialektikern zu finden ist. Hegel ist bei mir sehr heruntergekommen und der alte Moses steht in Floribus. –“ (HSA 23, 23f.)

Schlaglichtartig enthüllt das Zitat die souveräne Freiheit Heines, auch in Fragen der Religion nach pragmatischen, nicht aber nach ideologischen Gesichtspunkten zu entscheiden und dadurch den absoluten Glaubensanspruch des einen wie des anderen Dogmas gleichsam außer Kraft zu setzen, ihn zumindest zu unterlaufen, zu relativieren: das Dogma wurde instrumentalisiert, den eigenen, wechselnden Bedürfnissen angepaßt, nicht umgekehrt. Daher konnte Heine in der Vorrede zur zweiten Auflage der ‚Geschichte der Religion und Philosophie in Deutschland' aus dem Jahre 1852 auch formulieren: „Nein, Ihr gläubigen Gemüter, ich reiste niemals nach Damaskus (...)." (B 3, 511) Was wirklich geschehen war, kommentierte er selbstironisch im Nachwort zum ‚Romanzero': „Wenn man auf dem Sterbebette liegt, wird man sehr empfindsam und weichselig, und möchte Frieden machen mit Gott und der Welt." (B 6/1, 182) Auch Heine hatte in dieser Situation einen Trost nötig, wie ihn nur die Religion versprach, und er täuschte sich keineswegs darüber hinweg, daß es nur ein Trost war, „das einzige Beruhigungsmittel", das ihm in seiner Schwäche und Bedürftigkeit noch blieb: „Wie schrecklich, krank und allein zu sein, ohne jemanden, den man mit der Litanei seiner Beschwerden belästigen kann ... Wie töricht und grausam sind doch jene atheistischen Philosophen, jene kalten und gesunden Dialektiker, die alle Kräfte aufbieten, um den leidenden Menschen ihren göttlichen Trost zu entreißen, das einzige Beruhigungsmittel, das ihnen verbleibt", hat er damals im Gespräch mit Freunden geäußert. (Houben, Nr. 285)

Erneut sah Heine die „Doktoren der Revolution" am Werk, erneut wandte er sich gegen ihren abstrakten Anspruch, der über die Bedürfnisse des einzelnen hinwegsah und allein die ferne Zukunft im Blick hatte. Demgegenüber machte Heine deutlich, „daß ich nur ein armseliges Menschengeschöpf bin, eine aufseufzende Kreatur, die mit der Weltregierung nichts mehr zu schaffen hat." (B 6/1, 476) Kaum weiß man zu sagen, was bedrückender ist: die Not, die Heine zu solchen Bekenntnissen trieb, oder die Aufrichtigkeit, mit der er sich zur eigenen Schwäche und den daraus erwachsenen Bedürfnissen bekannte: „ich bin kein lebensfreudiger, etwas wohlbeleibter Hellene mehr, der auf trübsinnige Nazarener herablächelte – ich bin jetzt nur ein armer todkranker Jude, ein abgezehrtes Bild des Jammers, ein unglücklicher Mensch!“ (B 5, 109)

Was blieb ihm außer dem Gesprächspartner, dem Ähnliches widerfahren war? In ‚Die Stadt Lucca‘ hatte Heine einst hellsichtig formuliert: „Wer seinen Gott leiden sieht, trägt leichter die eignen Schmerzen.“ (B 2, 493) So instrumentalisiert als Trost, als Opium, dessen der Kranke bedarf – das Wort findet sich bei Heine noch vor Marxens berühmtgewordener Wendung –, war Heines sehr bewußt vollzogene Rückwendung zu einem persönlichen Gott von vorherein immun gegen eine kirchlich-dogmatische Auslegung. Im Gegensatz zu den früheren Gedichten und ihrem Ineinander von Schönheit, Traum und Tod mußte die späte Thematik nicht mehr ironisch gebrochen werden – wenngleich Heine auch dann nicht konsequent darauf verzichtete –, damit ihr wahrer Charakter hervortrat: „Ich glaube wieder an den persönlichen Gott. Dahin kömmt man, wenn man krank ist, todkrank und gebrochen! Machen Sie mir kein Verbrechen daraus! Acceptirt doch das deutsche Volk in seiner Noth den König von Preußen, warum soll ich nicht den persönlichen Gott acceptiren?“ So Heine in einem Gespräch. (Werner II, 123)

Neue Wohnungen, neue Ärzte – alte Schmerzen, alte Leiden: die letzten Jahre vergingen im Wechsel von resignativer Melancholie und festgehaltener, die eigene Person und ihr Schicksal freilich transzendierender Hoffnung. Die Weite seines Wirkens wurde ihm wohl noch bewußt. Sie war abzulesen an einer japanischen Lyrik-Übertragung und an zwei Gesamtausgaben, die in den Niederlanden und in den Vereinigten Staaten erschienen neben der zweiten französischen Gesamtausgabe, die für die nach wie vor unbestrittene Geltung dieses Autors im Lande seines Exils sprach. Auch Campe machte ihm in Paris ein halbes Jahr vor seinem Tode noch einmal Hoffnung auf das seit langem geplante Erscheinen der ersten deutschen Gesamtausgabe – eine Hoffnung, die sich dann doch nicht mehr zu Lebzeiten Heines erfüllte.

Bis zu seinem Tod am 17. Februar 1856 hielt Heine schreibend, entwerfend, arbeitend am nicht abbrechenden, mit nichts sich zufriedengebenden Prozeß des Denkens, des Infragestellens, des Widersprechens fest als unabdingbarer Voraussetzung der ersehnten endlichen Befreiung des Menschen, noch immer eingedenk des früh in den Papieren des berühmten Großoheims gefundenen Mottos, das ihm gleichsam zum Leitmotiv seines Lebens und Dichtens geworden war: „Wo die Unschuld zugrundegeht, ist es ein Verbrechen zu leben." (B 6/2, 329) Cathérine Bourlois, die Krankenschwester, die zuletzt noch bei ihm war – die Mouche fand ihn erst, als er schon gestorben war –, berichtete an Gustav Heine, den Bruder: „Am Sonnabend verschlimmerte sich sein Übel noch mehr, nachmittags zwischen vier und fünf Uhr flüsterte er dreimal das Wort ‚Schreiben'." Und sie überlieferte die letzten Worte: „Ich verstand ihn nicht mehr, antwortete aber: ‚Ja'. Dann rief er: ‚Papier – Beistift' ... Dies waren seine letzten Worte." (Werner II, 474)

Zeit seines Lebens war für Heine das Schreiben ein „Schreibe(n) mit Blut", wie Nietzsche seinen Zarathustra sagen läßt, und mit Recht hat man das Herzblut der frühen Verse mit Tränen und Dichtertinte übersetzt, um den Akt des Schreibens als existentielle Erfahrung, als Aufgabe des Lebens, ja als dieses selbst zu deuten. Der im Sterben geäußerte Wunsch, weiterzuschreiben und damit: weiterzuleben hat in der dauernden Lebendigkeit des Werkes, seinem Fortleben die angemessene Erfüllung erfahren. Ihm wird ein Lesen gerecht, das gleichfalls nicht abbricht, sich nicht vorschnell zufriedengibt und nicht an ein Ende kommt, solange die Utopie, auf die Heine ein Leben lang zuschrieb, noch fern ist. Jene hundert Menschen, die Heine am 20. Februar 1856 auf dem Montmartre-Friedhof zur letzten Ruhe trugen, die Freunde und die Künstlerkollegen der letzten Jahre, werden das geahnt haben, kannten sie doch seine früh geäußerte Bitte für die eigene Begräbnisfeier, seine eigentliche Grabschrift, die dann 1901, als die Hasselrijsche Porträt-Büste aufgestellt wurde, auf der Grabeinfassung zugunsten des Nachlaßgedichts ‚Wo?' zurückgestellt wurde:

„Ich weiß wirklich nicht, ob ich es verdiene, daß man mir einst mit einem Lorbeerkranze den Sarg verziere. Die Poesie, wie sehr ich sie auch liebte, war mir immer nur ein heiliges Spielzeug, oder geweihtes Mittel für himmlische Zwecke. Ich habe nie großen Wert gelegt auf Dichter-Ruhm, und ob man meine Lieder preiset oder tadelt, es kümmert mich wenig. Aber ein Schwert sollt Ihr mir auf den Sarg legen; denn ich war ein braver Soldat im Befreiungskriege der Menschheit." (B 2, 382)

II. Reisen in die Restauration

1. ‚Gedichte' und das ‚Buch der Lieder'

Heines erste größere Veröffentlichung, der Band ‚Gedichte', fällt in die Berliner Zeit. Die Sammlung, die 1822 auf Vermittlung Varnhagen von Enses bei Maurer in Berlin erschien, enthielt die später im ‚Buch der Lieder' als ‚Junge Leiden' bezeichneten Gedichte, also Traumbilder, Lieder, Romanzen, Sonette, auch einige Übersetzungen. Viel klingt in diesen Versen nach von jener Weltschmerzthematik, deren Grund die Hamburger Erlebnisse mit den Cousinen Amalie und Therese gelegt hatten, und obwohl die persönlichen Erfahrungen ganz in Rollenpoesie transformiert worden waren, förderte Heine nach Kräften solche Interpretationen seiner „Variazionen desselben kleinen Themas" (HSA 20, 91). Tatsächlich sprechen dann, als im Laufe der 20er Jahre die ‚Jungen Leiden' mit den anderen Zyklen, dem ‚Lyrischen Intermezzo', der ‚Heimkehr' und der ‚Nordsee' zum ‚Buch der Lieder' (1827) zusammenwachsen, mehr als die Hälfte, 140 von 237 Gedichten, von unglücklicher, von unerwiderter oder von hoffnungsloser Liebe.

Auch wenn sich Heines frühe Lyrik damit in eine gesamteuropäische Modeströmung einordnet, die mit dem Namen Byron verbunden war – Heine hatte ihn 1818 übersetzt –, so sind seine Gedichte doch durch einen eigenen Ton charakterisiert, der sie deutlich absetzt von vergleichbaren Versen anderer Autoren: sie verweigern sich konsequent dem Gefühl des Unendlichen, wie es aus der romantischen Dichtung bekannt ist. Bereits Heines früheste Verse zielen auf die Endlichkeit menschlicher Gefühle, auf die Fragwürdigkeit der Dinge, auf das Umsonst der Sehnsucht, und als ihre Schlüsselworte hat man „kalt", „frostig", „krank", „bleich", „still und stumm",

„elend“, „trostlos“, „zerrissen“, „zerschnitten“, „zerstochen“, „zerfleischen“ ausgemacht, Wörter, die die meisten der Gedichte in Desillusion enden und den Traum zerfließen lassen, von dem sie fast immer sprechen. Und wo das nicht im Gedicht selber geschieht, leistet es der streng komponierte Aufbau der einzelnen Zyklen, deren Gedichte genau aufeinanderbezogen sind.

Auf diese Weise werden auch die Übernahmen aus älterer Dichtung verwandelt, die sich gerade im lyrischen Frühwerk des Autors überreichlich finden. Selbstbewußt und beinahe skrupellos, jedenfalls unbefangen geht Heine – man kann unschwer den aufmerksamen Zuhörer seines akademischen Lehrers August Wilhelm Schlegel erkennen – mit den älteren Texten um, benutzt sie gleichsam als Steinbrüche für die eigene Lyrik, wenn er Wörter, Metaphern, Motive, ja ganze Verszeilen aus den Quellen in seine Gedichte integriert. Dazu gehört die Gesellschaftslyrik des 18. Jahrhunderts, die Dichtung des jungen Goethe, die Volksliedsammlung Herders, das von Goethe so geschätzte ‚Des Knaben Wunderhorn‘ Arnims und Brentanos wie auch die zeitgenössische Dichtung Wilhelm Müllers, deren Bedeutung – ‚Die schöne Müllerin‘ erschien 1821, ‚Die Winterreise‘ 1824 – für Metrum und Ton seiner Gedichte Heine 1826 in einem Brief an Müller ausdrücklich hervorgehoben hat. Aber auch die gerade wiederentdeckte mittelalterliche Dichtung Walthers, Hartmanns, Neidhardts, Heinrich von Meissens und anderer wird von Heine rezipiert. Hinzu kommt die deutsche ‚spanische Romanzendichtung‘, vor allem aber Petrarca, dessen Einfluß auf die deutsche Literatur in den Gedichten Heines, wie erst die jüngste Heine-Forschung nachgewiesen hat, einen letzten großen Höhepunkt erlebt.

Wie Heine freilich mit Petrarcas Konzept umgeht, nicht allein imitierend, vielmehr vorsichtig parodierend, sich ironisch distanzierend und das problematische Verhältnis des Sprechers zu der Angebeteten aus seinem ursprünglich höfischen Kontext in den des modernen Lebens überführend, das zeigt den durchaus eigenen, den eminent modernen Aspekt, der all diesen Übernahmen Heines, seiner Verwendung von Märchenmotiven, von Balladenstoffen, von Themen der zeitgenössischen romantischen Dichtung zukommt. Hier wie später besteht Heines Leistung nicht in der Erfindung einer neuen, originellen Bild- und Motivsprache, sondern vielmehr in der hochartifiziellen und zugleich überaus modern anmutenden Art seines Umgangs mit dem auf ihn gekommenen, dem überlieferten Material.

Zweierlei spielt dabei mit: das Bewußtsein, daß sich die alte Bildlichkeit in einer sich wandelnden, sich neuorientierenden Welt nicht länger ungebrochen behaupten kann, daß sich mit ihr das Bild der Welt, wie sie ist und wie sie sich entwickelt, nur noch sehr bedingt wiedergeben läßt, und die hellsichtige Erkenntnis der eigenen Notlage, noch nicht über eine adäquate neue Formen- und Bildersprache zu verfügen: „Die höchste Blüte des deutschen Geistes: Philosophie und Lied – Die Zeit ist vorbei, es gehörte dazu die idyllische Ruhe, Deutschland ist fortgerissen in die Bewegung – der Gedanke ist nicht mehr uneigennützig, in seine abstrakte Welt stürzt die rohe Tatsache – Der Dampfwagen der Eisenbahn gibt uns eine zittrige Gemütserschütterung, wobei kein Lied aufgehen kann, der Kohlendampf verscheucht die Sangesvögel, und der Gasbeleuchtungsgestank verdirbt die duftige Mondnacht." (B 6/1, 649)

Für die Bewältigung dieser Situation, die Heine erfaßt hat lange bevor er in seinen erst aus dem Nachlaß edierten ‚Aufzeichnungen' präzis die Ausgangslage des Dichters am Beginn der Moderne umreißt, steht dem Autor im ersten Viertel des 19. Jahrhunderts weder eine realistische, noch gar eine naturalistische oder expressionistische Bildsprache zur Verfügung. Gewiß ist ihm indes, daß die überkommene alte nicht mehr taugt zur poetischen Abbildung einer sich immer schneller umgestaltenden Welt. Und die Angst, in solcher Lage unwahrhaftig zu werden, Realität durch den schönen Schein falscher Bilder zu verschleiern, treibt ihn später zu dem verzweifelten, Shakespeare entlehnten und parodistisch variierten Ausruf: „Ein Bild! Ein Bild! Mein Pferd für'n gutes Bild!" (B 4, 361) Den Ausweg aus diesem Dilemma findet Heine durch seine spezifische, originelle Art und Weise, die altüberlieferten Bilder zu arrangieren. Darin besteht die Eigenart und die Einzigartigkeit seiner lyrischen Dichtung schon zu Beginn, eine Eigenart, die nicht immer so gesehen, schon gar nicht positiv bewertet wurde. Von Kraus' Verdikt „skandierter Journalismus" und „Operettenlyrik" (‚Heine und die Folgen', 1910) bis zu Adornos Kritik, Heine habe im ‚Buch der Lieder' die Lyrik „in die Gewalt einer fertigen, präparierten Sprache" gegeben, sie „hinabgezogen in die Sprache von Zeitung und Kommerz" (‚Die Wunde Heine', 1956), reiht sich eine Kette von Vorwürfen, die Heine den Warencharakter anlasteten, der im Begriff war, die Dichtung zu überwältigen, und die doch weitgehend übersahen, daß Heine zugleich entschieden kritisiert, wohin die Dichtung in der sich entfaltenden kapitalistischen Gesellschaft in der Moderne des 19. Jahrhunderts tendierte, ihre Trivialisierung im Schlager späterer Epochen einbegriffen.

Bereits auf die frühen Verse trifft eine Charakteristik zu, die Heines späterer Freund und Übersetzer, der französische Dichter Gérard de Nerval 1849 seiner Prosaübertragung einer Auswahl aus den ‚Nordsee'- und ‚Intermezzo'-Gedichten voranstellte, die Heine auch als Lyriker endgültig in Frankreich bekanntmachte: „Es ist das Schöne bei Heinrich Heine, daß er sich keine Illusionen macht; (...) ob glücklich oder unglücklich, akzeptiert oder abgewiesen, weiß er, daß er leiden wird und er weicht nicht zurück; (...) deshalb herrscht in all diesen schönen Strophen ein geheimer Schrecken. Die Rosen duften zu gut, der Rasen ist zu frisch, die Nachtigall zu harmonievoll! Das alles ist verhängnisvoll; der Duft erstickt, das frische Gras bedeckt ein Grab, der Vogel stirbt bei seiner letzten Note ... Leider!" (B 6/2, 271 f.)

Heine selber hatte wenige Jahre zuvor in einem ‚Entartung' überschriebenen Gedicht, das dann Eingang in die ‚Zeitgedichte' gefunden hat, den Weg eines solchen Verständnisses seiner Verse gewiesen, das durchaus auf die frühen Gedichte zurückprojiziert werden kann, auch bereits für diese gültig ist: „Ich glaub nicht an der Lilje Keuschheit (...) Von der Bescheidenheit der Veilchen / Halt ich nicht viel (...) Ich zweifle auch, ob sie empfindet, / Die Nachtigall, das was sie singt (...) Die Wahrheit schwindet von der Erde (...)." (B 4, 418) Denn nur aus einem solchen Gefühl, das aus Welt- und Sprachverlust zugleich erwächst, läßt sich der spezifisch Heinesche Tonfall im eigentlichen Sinn des Wortes erklären, die stets durchs Weinen gebrochene Ironie, der Schmerz, der noch jede Freude, jeden Jubel beschattend begleitet. So bereits im Einleitungsgedicht der Sammlung, die als erste Buchveröffentlichung Heines mit seinem zukunftsweisenden Dichtungskonzept anhebt, kritisch-reflektierend, ironisch-traurig und vorausschauend-programmatisch. Auch aus diesem Grund hat sich das Gedicht seinen Platz bewahrt, als die frühe Sammlung fünf Jahre nach ihrem Erscheinen in den größeren Kontext des ‚Buchs der Lieder' eingebracht wurde:

Mir träumte einst von wildem Liebesglühn,
Von hübschen Locken, Myrten und Resede,
Von süßen Lippen und von bittrer Rede,
Von düstrer Lieder düstern Melodien.

Verblichen und verweht sind längst die Träume,
Verweht ist gar mein liebstes Traumgebild!
Geblieben ist mir nur, was glutenwild
Ich einst gegossen hab in weiche Reime.

Du bliebst, verwaistes Lied! Verweh jetzt auch,
Und such das Traumbild, das mir längst entschwunden,
Und grüß es mir, wenn du es aufgefunden –
Dem luftgen Schatten send ich luftgen Hauch. (B 1, 20)

Die erste Strophe stellt die Versatzstücke des romantischen Traumarsenals aus, durch die vertraut-banale Adjektivwahl und die insistierende Betonung am Schluß nicht ungebrochen. Doch das Präteritum des Eingangsverses wird ganz erst in der zweiten Strophe entfaltet, die mit der Wiederaufnahme der Zeitbestimmung „einst" den Vergangenheitsbezug unterstreicht und die Vergänglichkeit als Rahmen und Aussage des ganzen Gedichts bestimmt. Insofern ist die letzte Strophe schon vorbereitet, die aus der Einsicht in den Charakter des Traums, vergehen zu müssen, die schmerzlich-melancholische Konsequenz zieht, daß auch die Kontrafaktur des Traums, eben das Lied, in dem der Traum zu Wort kommt, vergehen muß „im scharfen Schmerzjubel jener modernen Lieder, die keine katholische Harmonie der Gefühle erlügen wollen und vielmehr, jakobinisch unerbittlich, die Gefühle zerschneiden, der Wahrheit wegen", wie Heine in der bewegten Zeit des Jahres 1831 nachdrücklich konstatieren sollte (B 2, 209). Das frühe Gedicht des ‚Buchs der Lieder' genügt dem späteren Anspruch bereits, denn es kommt dem schönen Traum, der katholischen Harmonie der Gefühle, nur dadurch noch einmal nah, daß es sich selber eben der Vergänglichkeit unterwirft, die den Traum als bestimmendes Motiv der sich zuendeneigenden romantischen Epoche kennzeichnet.

Auf diese Weise bestimmt sich das Heinesche Gedicht nicht länger als ein Kunstwerk, das sich selber autonom der Wirklichkeit gegenüberstellt, sich selber als eine andere Wirklichkeit setzt, als ein Kunstwerk mit Absolutheitsanspruch, wie es in der Zeit der deutschen Klassik entstanden war. Daß Dichtung vergänglich, jedenfalls nicht ewig ist, war zu Heines Zeit ein durchaus neuer, ein durchaus origineller Gedanke. Von der gegen Ende des Jahrhunderts erneut virulent werdenden, sich existentiell verschärfenden Sprachkrise des jungen Hofmannsthal zum Beispiel, von dessen Verstummen als Lyriker unterscheidet sich Heines lyrisches Sprechen allein dadurch, daß es dessen objektive Unmöglichkeit im Gedicht selber reflektiert, jedenfalls die Problematik und die Grenzen einer solchen Welterfassung aufzeigt. Und ein verständnisvoller Kritiker wie Immermann hat denn auch eben diesen Aspekt in seiner Rezension von Heines erstem Gedichtband hervorgehoben, als er 1822 im ‚Rheinisch-Westfälischen Anzeiger' schrieb: „Jenen bittren Grimm über eine nüchterne, unempfängliche Gegenwart, jene tiefe Feindschaft gegen die Zeit scheint nun die kraftvolle Natur unseres Heine ganz besonders stark zu hegen, und daraus wird es mir erklärlich, warum ein Jüngling unter achtundfünfzig Gedichten auch nicht ein einziges zu geben vermochte, aus dem Freude und Heiterkeit spricht. Mit dem, worüber er unmittelbar sich beklagt [d.h. über die Abweisung durch die Geliebte, die das Leitmotiv auch des späteren ‚Buchs der Lieder' ist; d. Verf.] würde er leichter und harmonischer fertig geworden sein, läge nicht das oben angedeutete Bewußtsein eines tiefen Zwiespaltes in seiner Seele." (B 1, 639 f.) Und so sehr Heine anfangs aus Gründen der Publikumswirksamkeit selbst ein sentimentalisch-biographisches Verständnis seiner frühen Verse gefördert haben mochte, so nachdrücklich verwahrt er sich aus der Rückschau des Jahres 1837, als er eine Vorrede zur zweiten Auflage des ‚Buchs der Lieder' verfaßt, gegen eine naiv-ungebrochene Rezeption, wie sie seinen Gedichten inzwischen widerfahren war und wodurch diese eine zunächst ganz unerwartet große Popularität erlangt hatten: „Es will mich bedünken, als sei in schönen Versen allzuviel gelogen worden, und die Wahrheit scheue sich in metrischen Gewanden zu erscheinen." (B 1, 9)

Da soll Mißverständnissen vorgebeugt, soll Grenzverwischungen zu anderen Lyrikern der Epoche Einhalt geboten werden. Auf Heines eigene Gedichte trifft diese Charakteristik aus den erwähnten Gründen nicht zu, jedenfalls nicht, wenn man sie im Kontext ihrer zyklischen Anordnung liest, sie also nicht isoliert, – was freilich oft genug geschah. Wo immer Heine längst Vertrautes in den Gedichten aufgreift, kehrt er bewußt den Charakter des Alten, des Überholten, des Verbrauchten hervor, um ihm so gleichsam ex negativo einmal noch Echtheit, den Ausdruck des Neuen abzugewinnen, eine durchaus verzweifelte, durchaus dialektische äußerste Anstrengung, deren schwierige Gratwanderung nicht immer so offensichtlich ist wie im folgenden Beispiel, wo scheinbar munter und ironisch mit Überliefertem gespielt wird, ohne daß doch der Leser darüber vergessen kann, daß es sich hier um ein schmerzliches Abschiednehmen, eine letzte traurige Form der überkommenen, überlebten Erlebnislyrik handelt:

Wenn der Frühling kommt mit dem Sonnenschein,
Dann knospen und blühen die Blümlein auf;
Wenn der Mond beginnt seinen Strahlenlauf,
Dann schwimmen die Sternlein hintendrein;
Wenn der Sänger zwei süße Äuglein sieht,
Dann quellen ihm Lieder aus tiefem Gemüt; –

Doch Lieder und Sterne und Blümelein,
Und Äuglein und Mondglanz und Sonnenschein,
Wie sehr das Zeug auch gefällt,
So machts doch noch lang keine Welt. (B 1, 64)

Das Gedicht denunziert, was sich als unmittelbare Umsetzung von Erlebnis in Poesie ausgibt, und verweist zugleich auf die Methode, nach der solches noch immer sich vollzieht, eben die lange unbezweifelte, inzwischen jedoch obsolet gewordene Analogie von Natur und Dichtung. Da die Entfremdung in der Welt zugleich eine Entfremdung von der Natur impliziert, muß die unbefragte Gleichsetzung im Gedicht zur Lüge werden. Spott und Ironie, saloppe, gar frivole Sprechweise fungieren deshalb in Heines Dichtung als Mittel kritischer Distanzierung, die den hinfällig gewordenen Erlebnisbegriff der Poesie außer Kraft setzen, die Priorität der Wirklichkeit vor aller Kunst behaupten und nicht zuletzt daraus ein neues Selbstverständnis der Autoren ableiten, die fortan „keinen Unterschied machen wollen zwischen Leben und Schreiben, die nimmermehr die Politik trennen von Wissenschaft, Kunst und Religion, und die zu gleicher Zeit Künstler, Tribune und Apostel sind." (B 3, 468)

Heines ‚Buch der Lieder', seine bekannteste Gedichtsammlung und, wenn man von Goethes wenige Jahre zuvor erschienenem ‚West-östlichen Divan' (1819) absieht, die bekannteste Gedichtsammlung deutscher Sprache überhaupt, ist erst allmählich im Laufe der 20er Jahre zu der uns bekannten Form zusammengewachsen. Nicht nur der Titel erinnert wohl bewußt an einen Teil aus Goethes Sammlung, sondern auch das Gliederungsprinzip des ‚Divan' hat die Komposition des ‚Buchs der Lieder' beeinflußt, das schließlich neben den von 1815–21 entstandenen Gedichten der ‚Jungen Leiden' die Zyklen ‚Lyrisches Intermezzo' aus den Jahren 1821/22, ‚Die Heimkehr' aus den Jahren 1823/24 und die beiden 1825/26 geschriebenen ‚Nordsee'-Gedichtkreise umfaßte, deren formale und thematische Neuartigkeit zunächst weder von der Kritik noch vom Publikum wahrgenommen wurde, vielleicht, weil die Sammlung in den 20er Jahren noch eindeutig im

Schatten der viel populäreren ‚Reisebilder' stand (mit dem Doppelabdruck der ‚Nordsee'-Teile). Heine hat bei der Zusammenstellung 1827 nur sechs neue, ungedruckte Gedichte hinzugefügt und das Buch in dieser Form in späteren Auflagen nicht mehr angetastet.

Trotz erstaunlich vieler Kritiken noch im Erscheinungsjahr – 71 Rezensionen in 43 verschiedenen Blättern – verkaufte sich das ‚Buch der Lieder' anfangs gar nicht gut: im Hinblick auf die spätere, sich vor allem an die zweite Auflage von 1837 knüpfende, nachhaltige Wirkung eine überraschende Tatsache. Campe, Heines Verleger, wollte nur 1000 Exemplare drucken, Heine bestand auf 2000, – und der besser kalkulierende Verleger blieb zunächst auf nicht wenigen Exemplaren sitzen. Nach sieben Jahren waren erst 1200 Exemplare verkauft „nach den Universitäten an junge Männer und dergleichen, die kein Geld haben", wie Campe mißmutig klagte. Dann ging es ab Ende der 30er Jahre allerdings rasch voran: 1844 erschien bereits die fünfte Auflage, die letzte vom Autor durchgesehene, und bis zu Heines Tod erschienen noch sieben weitere Auflagen. Der verspätete, aber umso größere Erfolg war allerdings weniger auf ein genaueres Heine-Verständnis zurückzuführen, er verdankte sich vielmehr weitgehend einer neuen bürgerlichen Leserschicht, die einseitig die Nachwirkungen spätromantischer Sentimentalität, nicht aber deren radikale Infragestellung rezipierte. Diese Nachwirkung, die das Heine-Bild auf Jahrzehnte hinaus entscheidend mitprägen sollte, kulminierte in der zweiten, bürgerlichen Hälfte des neunzehnten Jahrhunderts und sie läßt sich mühelos an den in die Hunderte gehenden Kompositionen von Gedichten wie „Du bist wie eine Blume" (B 1, 131) nachweisen. Ihre, einem trivialbiedermeierlich gestimmten Publikum anscheinend besonders entsprechende Popularität wurde schließlich nur übertroffen von jener des wohl bekanntesten Gedichts der Sammlung, von Heines Version des Loreley-Stoffes „Ich weiß nicht was soll es bedeuten" (B 1, 107). Indem die Nazis, die das Gedicht nicht aus den Lesebüchern des Dritten Reiches zu verbannen vermochten, es mit der Angabe „Dichter unbekannt" abdruckten, sprachen sie Heine den Ehrentitel zu, den er für sich vielleicht erträumt, kaum jedoch wirklich erwartet haben mochte – den eines Volksdichters.

2. *,Reisebilder'*

Wirklich populär geworden war Heine in den 20er Jahren mit einer anderen Gattung, den ,Reisebildern'. Auch sie waren in der anregenden und produktiven Berliner Zeit entscheidend gefördert worden, und auch sie wuchsen erst im Laufe der Jahre zu dem Komplex zusammen, den wir heute kennen und der als Heines wichtigstes Werk seiner deutschen Periode gelten darf: 1822 und 1823 gehen die ,Briefe aus Berlin' und ,Über Polen' den eigentlichen ,Reisebildern' voraus, die in der zweiten Hälfte der 20er Jahre in vier Bänden bei Hoffmann und Campe erscheinen: der erste Band umfaßt 1826 ,Die Heimkehr', ,Die Harzreise' und die beiden ersten Abteilungen der ,Nordsee'. Ein Jahr später folgt der zweite Teil mit der dritten Abteilung der ,Nordsee', dem komplexen, schwierigen, selbst Heines spezifische Gattungsauffassung des Reisebilds eigentlich sprengenden Werk ,Ideen. Das Buch Le Grand' und den ,Briefen aus Berlin', die Heine in späteren Auflagen durch den Gedichtzyklus ,Neuer Frühling' ersetzt. Der dritte Teil der ,Reisebilder', der 1829 vorliegt (mit der Jahreszahl 1830), umfaßt die ,Reise von München nach Genua' und ,Die Bäder von Lucca'; es ist Heines erstes reines Prosabuch. Schließlich erscheinen im Jahr von Heines Übersiedlung nach Paris 1831 noch ,Nachträge zu den Reisebildern' als deren vierter Teil mit der ,Stadt Lucca' und den ,Englischen Fragmenten'.

Heine hat nicht nur den Begriff des Reisebilds selber geprägt, sondern mit seinen Beiträgen die traditionsreiche Gattung der Reiseliteratur formal und inhaltlich auf einen neuen Höhepunkt geführt und dem ohnehin überaus populären Genre eine Breitenwirkung verschafft, deren Ausstrahlung zumindest für die beiden folgenden Jahrzehnte kaum zu überblicken ist. Nicht verwunderlich jedenfalls, daß diese Arbeiten

Heines schon bald nach Erscheinen ins Französische übersetzt wurden – 1832 publizierte François-Adolphe Loëve-Veimars in der angesehenen ‚Revue des Deux Mondes' die ‚Harzreise', ‚Ideen. Das Buch Le Grand' und ‚Die Bäder von Lucca'; weitere Übersetzungen folgten in kurzen Abständen und 1834 lag bereits der gesamte ‚Reisebilder'-Komplex im Rahmen der Werkausgabe auf französisch vor. Er begründete den Ruhm Heines als Schriftsteller in Frankreich, lange bevor dort sein lyrisches Werk rezipiert wurde.

Wesentlichen Anteil am Zustandekommen des Gesamtprojekts hatte der junge Hamburger Verleger Julius Campe, den Heine Ende Januar 1826 kennengelernt hatte, der spätere Verleger des Jungen Deutschland, dem der junge Autor nach dem weitreichenden Erfolg der ‚Reisebilder'-Reihe bis zum Lebensende verbunden blieb: bis auf wenige Ausnahmen erschienen alle weiteren Arbeiten bei Campe, wobei die Publikationsstrategie der Reihenveröffentlichung noch zweimal aufgegriffen wurde: zwischen 1834 und 1840 erschien ebenfalls in vier Bänden Heines ‚Salon'; 1854 schließlich die dreibändige Ausgabe der ‚Vermischten Schriften'.

Publikationsstrategisch war schließlich auch die Komposition der jeweiligen Einzelbände begründet, ja letztlich sogar Form und Inhalt der jeweiligen ‚Reisebilder'. Denn nachdem mit den sogenannten Karlsbader Beschlüssen eine bundeseinheitliche Vorzensur für alle Druckwerke (Bücher, Broschüren, Zeitschriften und Zeitungen) von weniger als 20 Bogen Umfang (pro Bogen mit 16 Seiten im Oktavformat, hieß das 320 Seiten) eingeführt worden war, ging das Bestreben von Autor und Verleger dahin, durch Zusammenstellung verschiedener, möglichst abwechslungsreicher Werke zumindest die Vorzensur zu umgehen, ohne daß der Absatz des naturgemäß teureren Buches darunter zu leiden hatte. Für den gesamten ‚Reisebilder'-Komplex, ja schließlich für Heines Werk insgesamt ist der Zusammenhang von staatlicher Repression und schriftstellerischem Widerstand und Widerspiel jedenfalls konstitutiv geworden bis hin zur ironischen Schreibweise, zum Witzstil, zur offenen Persiflage, am deutlichsten im 12. Kapitel von ,Ideen. Das Buch Le Grand', in dem Heine selbst außer Zensurstrichen nur die Wörter „Die deutschen Zensoren – Dummköpfe –" stehen ließ (B 2, 283). Daß daneben die Nachzensur mit Konfiskation und Verbot, vor allem aber die Verinnerlichung der Zensur durch den Schriftsteller selbst Probleme aufwarf, die unmittelbar die „Schreibart" betrafen, gehört zu den „Schriftstellernöten" nicht nur der Restaurationszeit und führte Heine an deren Ende 1848 zum qualvoll-ironischen Ausruf „ach! ich kann nicht mehr schreiben, ich kann nicht, denn wir haben keine Censur! Wie soll ein Mensch ohne Censur schreiben, der immer unter Censur gelebt hat? Aller Styl wird aufhören, die ganze Grammatik, die guten Sitten" (Werner II, 108).

Neben diesen Rahmenbedingungen war auch das Thema der ,Reisebilder' auf neue Weise Ausdruck der Epoche: man vergegenwärtige sich nur den Anfang von Eichendorffs ,Taugenichts', im gleichen Jahr erschienen wie Heines erster ,Reisebilder'-Band, oder die zahllosen Wanderlieder jener Zeit, um zu ermessen, wie modern das Reisen war und wie negativ das Zuhausebleiben, der philisterhafte Stillstand beurteilt wurden. Ein seltsamer Kontrast: während für mehrere Jahrzehnte die politischen Verhältnisse in Deutschland auf der Stelle traten, wurde „Bewegung" zum Schlagwort der Epoche, so daß Theodor Mundt 1835 in seinem Roman ,Madonna. Unterhaltungen mit einer Heiligen' konstatieren konnte: „Die Zeit befindet sich auf Reisen, sie hat große Wanderungen vor." Für Heines ,Reisebilder' gilt das auch insofern, als in ihnen – sehr im Unterschied zur vorangegangenen Reiseliteratur – die innere Bewegung von Anfang an wichtiger wird als die äußere. Hatte die ältere Reiseliteratur sporadisch auch schon zu Flucht- und Gegenbildern geführt, die in der Spätaufklärung als Mittel sich verschärfender Sozialkritik fungierten, so ist dieser Ansatz für Heines ,Reisebilder' von vornherein konstitutiv. Seine Reisen in die Restauration, die tatsächlich eine neue Epoche der deutschen Literatur einleiten, das „Ende der Kunstperiode" verkünden, sind zugleich Reisen hin zur Revolution. Indem sie das Thema der Französischen Revolution, indem sie deren gesellschaftspolitische Ideen, nicht aber die Natur- oder Kunstbetrachtung in den Mittelpunkt stellen bzw. zu ihrem stets präsenten Fluchtpunkt machen, vollziehen sie endgültig den Übergang von der Natur- und Kunst- zur Freiheitsschwärmerei. In ihrem Licht erlebt Heine den aufsehenerregenden Durchbruch zum politischen Schriftsteller, in ihrem Licht entwickeln sich seine ‚Reisebilder' zur modernsten Gattung ihrer Zeit. Ihr Strukturprinzip ist bereits in den ‚Briefen aus Berlin' erkennbar, in denen Heine, angeregt mehr durch die Berliner Atmosphäre als durch den Erfolg seiner ersten Buchveröffentlichung, der ‚Gedichte' des Jahres 1822 – Heine erhielt als Honorar lediglich 40 Freiexemplare –, auf witzige, sprühende Art für ein westfälisches Blatt von den Neuigkeiten des Ortes, den kulturellen Ereignissen zu berichten beginnt. Hofklatsch, Theaterberichte und Porträts bekannter Persönlichkeiten fließen in die drei Briefe ein, die zugleich eine gehörige Portion ironisch-versteckter Kritik transportieren, wenn sie sich über das herrschende Militär und den Adel lustigmachen oder immer wieder das tabuisierte Thema der Zensur und der entsprechenden Polizeimaßnahmen berühren: „Was soll ich *nicht* schreiben? d.h., was weiß das Publikum schon längst, was ist demselben ganz gleichgültig, und was darf es nicht wissen?" (B 2, 9) Auf diese Weise rückt bereits in Heines erster Reise- bzw. Stadtbeschreibung die eigentliche Misere der Restaurationszeit untergründig ins Zentrum des Interesses, wird, die Zensur geschickt unterlaufend, das geheime Thema aller ‚Reisebilder' angesprochen, die rückständigen gesellschaftspolitischen Zustände in Deutschland.

Eine weitere Eigenheit des Heineschen Berichtens wird deutlich, wenn man die im Entstehen begriffene neue Gattung, wie sie in den ‚Briefen aus Berlin' Gestalt gewinnt, mit einem anderen Modell vergleicht. Goethes ‚Italienische Reise' beschreibt zwar seine 1786–88 unternommene Italienreise, erscheint jedoch erst 1816, nur sechs Jahre vor Heines Reise-Erstling, der an die Stelle von geruhsam überschauenden Beschreibungen eine rasch aufeinanderfolgende Kette von Beobachtungen und Assoziationen setzt. Vor den Augen des

Lesers, der Goethes Werk noch im Gedächtnis haben mochte, ersteht kein gleichsam ewiges Monument mehr wie etwa Goethes Bild der Stadt Rom, sondern das Neuartige des Großstadtlebens wird jetzt bewußt als Bewegung in die Bilder hineingenommen und bringt diese zum Tanzen. Während Goethe von der Peterskuppel aus die zu seinen Füßen liegende Metropole als Sinnbild einer fest in sich ruhenden, dauerhaft gefügten Weltordnung erfaßt, reißt Heines Schilderung der Straße Unter den Linden den Leser mit sich fort in den Großstadttrubel hinein: die disparaten Eindrücke und Beobachtungen sollen ihm beim Lesen vor den Augen tanzen, als wäre er selber im Strudel dabei. Die Identifikation stellt sich hier über den Schreib- und Leserhythmus her, der den Leser so in Atem hält, wie es der Erzähler selber zu sein vorgibt.

Es ist ein höchst subjektiver Stil, den Heine da entwickelt, – in dieser Hinsicht das genaue Gegenteil der großen, wie man damals gesagt hätte: olympischen Ruhe des Goetheschen Blicks, der bemüht ist, alles Persönliche weitgehend auszuschalten und allein von der Sache her zu sehen. Heine dagegen betont gerade die persönliche Seite auch in der Art, wie er einem einheitlichen Stil ausweicht, die Formen vermischt, bis schließlich ein brillant-funkelndes, zuweilen auch scharf-blitzendes Kaleidoskop entsteht, in dem Briefe und Gespräche, Novellistisches und Reportagehaftes, Autobiographisches und Essayistisches, Zeitbezogenes und Historisches munter durcheinanderschießen. Faktisches wird mit Fiktionalem verbunden, Polemik folgt auf Plauderei und umgekehrt, und das Ganze leuchtet im Wechselspiel von Ironie und Pathos, von Wortspiel und Wortwitz, von Satire und Parodie, von untergründigem Ernst und keckstem Humor als sehr eigene, sehr Heinesche Schreibweise.

Keine Geschichte, vor allem keine kontinuierlich sich entwickelnde wird erzählt, sondern Geschichte erzählt sich selber, fragmentarisch abbrechend, auf Offenheit angelegt, auf Veränderung abzielend, immer vom Leser, an den in dieser Hinsicht ganz neue, hohe Anforderungen gestellt werden, zu ergänzen. Das Publikum ist aufgefordert, auch zwischen den

Zeilen zu lesen, mit- und weiterzudenken über das hinaus, was der Text sagt oder aus Zensurgründen verschweigt. So entwickelt sich der Stil der ‚Reisebilder' in Auseinandersetzung mit den sich fragmentierenden Formen der traditionellen Gesellschaft, einer Gesellschaft, die im Übergang begriffen ist, nicht länger durch Ganzheit und Harmonie ausgezeichnet, sondern durch Brüche und Dissonanzen geprägt. Als ihr gemäße Form erscheint das fragmentarische Erzählen, Berichten, Andeuten, wie es die ‚Reisebilder' vorführen und Heine am Schluß der ‚Harzreise' thematisiert: „Am Ende kommt es auch auf eins heraus, wann und wo man etwas ausgesprochen hat, wenn man es nur überhaupt einmal ausspricht. Mögen die einzelnen Werke immerhin Fragmente bleiben, wenn sie nur in ihrer Vereinigung ein Ganzes bilden." (B 2, 162)

Während das Ende der ‚Harzreise', eines der schönsten Prosawerke deutscher Sprache, charakteristischerweise formale Aspekte der Gattung diskutiert – „Die ‚Harzreise' ist und bleibt Fragment, und die bunten Fäden, die so hübsch hineingesponnen sind, um sich im Ganzen harmonisch zu verschlingen, werden plötzlich, wie von der Schere der unerbittlichen Parze, abgeschnitten" (B 2, 162) –, entfaltet der berühmte Eingang die Philisterkritik und Spießersatire. Die bedrückende Enge der Kleinstadt mit ihrem erstarrten Wissenschaftsbetrieb erscheint als Spiegel der immobilen Gesellschaft insgesamt: „Die Stadt Göttingen, berühmt durch ihre Würste und Universität, gehört dem Könige von Hannover, und enthält 999 Feuerstellen, diverse Kirchen, eine Entbindungsanstalt, eine Sternwarte, einen Karzer, eine Bibliothek und einen Ratskeller, wo das Bier sehr gut ist. (...) Im allgemeinen werden die Bewohner Göttingens eingeteilt in Studenten, Professoren, Philister und Vieh; welche vier Stände doch nichts weniger als streng geschieden sind. Der Viehstand ist der bedeutendste. Die Namen aller Studenten und aller ordentlichen und unordentlichen Professoren hier herzuzählen, wäre zu weitläufig; auch sind mir in diesem Augenblick nicht alle Studentennamen im Gedächtnisse, und unter den Professoren sind manche, die noch gar keinen Namen haben. Die Zahl der Göttinger Philister muß sehr groß sein, wie Sand, oder besser gesagt, wie Kot am Meer; wahrlich, wenn ich sie des Morgens, mit ihren schmutzigen Gesichtern und weißen Rechnungen, vor den Pforten des akademischen Gerichtes aufgepflanzt sah, so mochte ich kaum begreifen, wie Gott nur so viel Lumpenpack erschaffen konnte." (B 2, 103f.)

„Das Buch hat viel Spektakel gemacht und viel Absatz gefunden", (HSA 20, 272) meldete Heine am 24. Oktober 1826 Varnhagen nach Berlin, und er konnte sich auf die zahlreichen Kritiken berufen, die dem Werk, vor allem seinem Stil, nicht immer wohlgesonnen waren, ihm jedoch oft auch wider Willen zu großer Popularität verhalfen. Verboten wurde es nur in der Stadt Göttingen, was vorauszusehen war, und in Österreich, was für die Zukunft Schlimmes befürchten ließ: wie würde die Obrigkeit reagieren, wenn Heines polemische Schärfe sich nicht mehr nur gegen Spießer und Professoren, sondern auch gegen Adel und Kirche richten würde? Als wollte Heine eben dies ausprobieren, verschärft er in der dritten Abteilung der ‚Nordsee', die den zweiten Band der ‚Reisebilder' eröffnet, die Kritik am Feudalsystem:

„Was aber die allgemeinen deutschen Klagen über hannövrischen Adelsstolz betrifft, so kann ich nicht unbedingt einstimmen. Das hannövrische Offizierskorps gibt am wenigsten Anlaß zu solchen Klagen. Freilich, wie in Madagaskar nur Adlige das Recht haben, Metzger zu werden, so hatte früherhin der hannövrische Adel ein analoges Vorrecht, da nur Adlige zum Offiziersrange gelangen konnten. (...) In diesem Lande Hannover sieht man nichts als Stammbäume, woran Pferde gebunden sind, und vor lauter Bäumen bleibt das Land obskur, und trotz allen Pferden kömmt es nicht weiter. Nein, durch diesen hannövrischen Adelswald drang niemals ein Sonnenstrahl britischer Freiheit, und kein britischer Freiheitston konnte jemals vernehmbar werden im wiehernden Lärm hannövrischer Rosse." (B 2, 229f.)

Daß dann tatsächlich der zweite ‚Reisebilder'-Band sofort nach Erscheinen in den preußischen Rheinprovinzen verboten wurde, – Heine war vorsorglich nach London ausgewichen –

lag jedoch nicht nur an Invektiven dieser Art, die auch die Kirche nicht aussparten: „Kirchenherrschaft" gilt Heine ausdrücklich als „eine Unterjochung der schlimmsten Art." (B 2, 215) Das Verbot ist vor allem auch auf Heines Bekenntnis zu Napoleon zurückzuführen, das die dritte Abteilung der ‚Nordsee' als politische Alternative zu allem Schlechten und Mittelmäßigen der deutschen Verhältnisse, denen der Autor den Kampf angesagt hat, kontrapunktiert, bevor es dann in hymnischer Überhöhung in ‚Ideen. Das Buch Le Grand' auf die Stufe emblematisch-sinnbildlicher Gestaltung geführt wird.

Der zweite Band der ‚Reisebilder' nimmt insofern eine Sonderstellung ein, als er neben Heines Beiträgen auch ‚Xenien' von Immermann enthält, die den späteren Streit mit Platen heraufbeschwören sollten. Darüber hinaus ist das Buch gekennzeichnet durch ein Reisebild ohne Reise, wie man das Buch ‚Ideen. Das Buch Le Grand' genannt hat. Heine hatte es im Spätherbst 1826 aus dem projektierten Memoirenkomplex ausgesondert und dieses zwischen Autobiographie, Salongespräch und geistesgeschichtlichem Essay oszillierende, äußerst komplexe Themengeflecht, das im Titel den biblischen Bezug unterstreicht, zum zentralen Werk des neuen Bandes gemacht. Die zwanzig Kapitel, die von privaten Liebesbeziehungen (I–V), der Düsseldorfer Jugendzeit und der Französischen Revolution (VI–X), Schriftstellerproblemen (XI–XV) und erneut von Liebesbeziehungen (XVI–XX) handeln, erscheinen gleichfalls wie um eine Mitte gruppiert, auf die Heine in einem Brief an Friedrich Merckel vom 10. Januar 1827 selber hingewiesen hat: „Das Buch [gemeint sind die ‚Reisebilder. Zweiter Teil'; d. Verf.] wird viel Lerm machen, nicht durch den Privatskandal sondern durch die großen Weltinteressen, die es ausspricht. Napoleon und die französische Revoluzion stehen darin in Lebensgröße." (HSA 20, 281)

Hatte Heine diese Aspekte bereits in dem ‚Nordsee'-Teil angesprochen, wo sie jedoch hinter der polemischen Zeitkritik einerseits und der großartigen Darstellung des Meeres als Spiegelbild des zerrissenen Ich und als Gegenbild zur unbeweglich-starren Gegenwart zurückgetreten waren, so steigert sich jetzt das Bild des Franzosenkaisers, des Erben der Revolution, zum mythischen Bild, zum Ideenträger, der ein bereits saint-simonistisch inspiriertes Volkskaisertum anzukündigen scheint. Und ungeachtet späterer Kritik an Napoleon (Kapitel XXIX der ‚Reise von München nach Genua', B 2, 374 ff.), die hellsichtig die problematischen Seiten in den Blick faßt, überstrahlt das aus der Jugenderinnerung heraufberufene Bild Napoleons, die Schilderung des kaiserlichen Einzugs in Düsseldorf 1811 alle späteren als geheimes Leitmotiv des Gesamtwerks:

„Denke ich an den großen Kaiser, so wird es in meinem Gedächtnisse wieder recht sommergrün und goldig, eine lange Lindenallee taucht blühend empor, auf den laubigen Zweigen sitzen singende Nachtigallen, der Wasserfall rauscht, auf runden Beeten stehen Blumen und bewegen traumhaft ihre schönen Häupter – ich stand mit ihnen im wunderlichen Verkehr, die geschminkten Tulpen grüßten mich bettelstolz herablassend, die nervenkranken Lilien nickten wehmütig zärtlich, die trunkenroten Rosen lachten mir schon von weitem entgegen, die Nachtviolen seufzten – mit den Myrten und Lorbeeren hatte ich damals noch keine Bekanntschaft, denn sie lockten nicht durch schimmernde Blüte, aber mit den Reseden, womit ich jetzt so schlecht stehe, war ich ganz besonders intim – Ich spreche vom Hofgarten zu Düsseldorf, wo ich oft auf dem Rasen lag, und andächtig zuhörte, wenn mir Monsieur Le Grand von den Kriegstaten des großen Kaisers erzählte, und dabei die Märsche schlug, die während jener Taten getrommelt wurden, so daß ich alles lebendig sah und hörte. Ich sah den Zug über den Simplon – der Kaiser voran und hinterdrein klimmend die braven Grenadiere, während aufgescheuchtes Gevögel sein Krächzen erhebt und die Gletscher in der Ferne donnern – ich sah den Kaiser, die Fahne im Arm, auf der Brücke von Lodi – ich sah den Kaiser im grauen Mantel bei Marengo – ich sah den Kaiser zu Roß in der Schlacht bei den Pyramiden – nichts als Pulverdampf und Mamelucken – ich sah den Kaiser in der Schlacht bei Austerlitz – hui! wie pfiffen die Kugeln über die glatte Eisbahn! – ich sah, ich hörte die Schlacht bei Jena – dum, dum, dum, – ich sah, ich hörte die

Schlacht bei Eylau, Wagram – nein, kaum konnt ich es aushalten! Monsieur Le Grand trommelte, daß fast mein eigenes Trommelfell dadurch zerrissen wurde." (B 2, 273f.)

Was da in der Erinnerung an den napoleonischen Leutnant – so fiktiv diese Gestalt auch immer sein mag – aufscheint, verbindet die beiden wichtigsten Themen der Heineschen Dichtung, verbindet die Blumen und die Nachtigallen, also das romantische Erbgut, mit dem Bild der Revolution und ihrer Folge, dem Zusammenbruch der alten, überlebten Welt, also die politische Komponente von Heines Schreiben. Und Heine sollte mit seiner brieflich geäußerten Befürchtung im Hinblick auf seine Leser recht behalten. „Sie haben ihm nicht verziehen, daß er die Partei der Blumen und der Nachtigallen mit der Revolution verbunden, daß er jenen Gegensatz, den die Restauration der alt und fromm gewordenen Romantiker selbst noch aufgetürmt hat, daß er den Gegensatz zwischen Romantik und Aufklärung liquidierte." (Jürgen Habermas)

Der im Kapitel VIII geschilderte Einzug des Kaisers wird dem Einzug Christi in Jerusalem nachempfunden – „und auf diesem Gesichte stand geschrieben: Du sollst keine Götter haben außer mir." (B 2, 275) –, der im folgenden Kapitel berichtete Tod Napoleons auf „einer öden Insel des indischen Meeres" enthüllt sich als Analogie zum Kreuzestod des Heilands: „Und Sankt Helena ist das heilige Grab, wohin die Völker des Orients und Okzidents wallfahrten in buntbewimpelten Schiffen, und ihr Herz stärken durch große Erinnerung an die Taten des weltlichen Heilands, der gelitten unter Hudson Lowe, wie es geschrieben steht in den Evangelien Las Cases, O'Meara und Antommarchi." (B 2, 276) Durch diese Parallele wird nun auch Heines Wahl des bibelhaften Untertitels verständlich: es ist ein Bekenntnisbuch, das er vorlegt, dessen zentrales Thema, das emblematisch gestaltete, mythisch überhöhte Bild des großen Kaisers, sich auf Dauer als tragfähiger erweisen sollte als die zeitbedingte Weltschmerzattitüde des anscheinend liebeswunden Dichters des ‚Buchs der Lieder', mit der ihn gleichwohl ein durch alles Politische verstörtes Publikum für lange Zeit identifizierte.

Die letzten Teile der ,Reisebilder', die im wesentlichen die Italienreise verarbeiten, sind überschattet durch den „Privatskandal", die Fehde mit Platen, die sich im Anschluß an Immermanns ,Xenien' entwickelt hatte. Heine benutzt die Reisebeschreibung, um seine Münchener Erfahrungen zu verarbeiten und um mit dem letzten Kapitel der ,Bäder von Lucca' unmittelbar in den Schriftstellerstreit einzugreifen, der 1829 mit Platens ,Romantischem Oedipus' einen Höhepunkt erreicht hatte. Platens antisemitische Anpöbelungen hatten die Münchener Erlebnisse, die Ablehnung der Professur und die Angriffe aus dem Kreis des extrem konservativen Katholizismus um den Theologen Ignaz von Döllinger, wieder virulent werden lassen, und Heine, mit Immermanns harmloser Polemik ,Der im Irrgarten der Metrik umhertaumelnde Kavalier' unzufrieden, schickt sich nun im dritten Teil der ,Reisebilder' an, den Scharfrichter des aristokratischen Dichterkollegen zu spielen: der Literaturkampf, die Literaturfehde war ausgebrochen.

Nichts hat Heine außer dem Buch über Börne zeitlebens – und im Ansehen der Nachwelt – so geschadet wie diese Auseinandersetzung, und nirgendwo auch wird man die Besonderheit seiner Stellung innerhalb der damaligen Gesellschaft, sein Außenseitertum so genau wahrnehmen können wie in diesem literaturpolitischen Streit. Nur diese Außenseiterposition, die Heine aufgrund der Münchener Mißerfolge nachdrücklich bewußt geworden war, erklärt die vernichtende Erwiderung auf Platens dilettantische, unbeholfene, grobe Ausfälle im ,Romantischen Oedipus', der „in Berlin nur Unwillen erregt; desto-mehr wird er hier von einer gewissen Clique, die mit dem Grafen steißlich einverstanden ist, sehr goutiert", wie Heine im November 1829 an Immermann schreibt. (HSA 20, 366) Der Ärger über die aristokratisch verkrusteten Verhältnisse in München ist kaum zu überhören. Zu recht ist heute der ,Romantische Oedipus' vergessen, nicht mit dem gleichen Recht ist Platen für lange Jahre nur als Gegner Heines bekanntgeblieben; der politisch durchaus liberal eingestellte Graf war fortschrittlicher gesonnen als sein Drama erkennen ließ, das seiner wahren Bedeutung so wenig entsprach wie sein

Ruf, der nach Heines Angriff endgültig zerstört war: Versuche, Platen gerecht zu werden, sind deshalb in jüngster Zeit wiederholt unternommen worden.

Platen dient Heine in Wirklichkeit auch nur als das ideale Angriffsziel der Gruppe, die er als Gegner ausgemacht hat: „Man merkt nicht, daß ich in ihm nur den Repräsentanten seiner Partei gezüchtigt, den frechen Freudenjungen der Aristokraten und Pfaffen habe ich nicht bloß auf aesthätischem Boden angreifen wollen, es war Krieg des Menschen gegen Menschen" (HSA 20, 378). Dabei freilich hat sich Heine auf ein höchst gefährliches Pflaster gewagt, denn indem er die gesellschaftspolitisch fundierte Attacke in den berühmt-berüchtigten Angriff auf Platens Homosexualität einmünden läßt – eine Tabuverletzung ohnegleichen in der Biedermeier-Epoche –, setzt er sich zweifellos selber ins Unrecht, schießt er weit über das anvisierte Ziel hinaus und schadet sich schließlich mehr als dem Gegner, auch wohl dem kompositorischen Aufbau des ‚Reisebilds', in dem der Schluß nun ein ganz unverhältnismäßig großes, polemisch belastetes Gewicht erhält.

Aus heutiger Sicht erscheint es geradezu tragisch, wie da zwei Außenseiter der Gesellschaft aufeinandereinschlagen, anstatt ihre Kräfte im Kampf gegen die verkrusteten Zustände der Zeit zu vereinen: eine Situation, die sich unter anderen Prämissen in der Kontroverse zwischen Heine und Börne wenige Jahre später wiederholen sollte. Beide waren innerhalb der restaurativen Gesellschaft Einzelgänger, politische Dichter und Vorkämpfer der Emanzipation: gerade Platen erscheint unter heutigem Gesichtspunkt mit seinem mutigen Bekenntnis zur Homosexualität als Emanzipator eigener Prägung, als unglücklicher Vorkämpfer für die Rechte einer Minderheit, die durch Heines rücksichtslosen Angriff so wenig gewinnen konnte wie er selbst in seinem Kampf gegen alles Schlechte und Mittelmäßige, für Emanzipation und Gleichheit: unglückliche Verlierer sie beide.

Hinter diese Kontroverse treten alle anderen Bilder, alle anderen Figuren der ‚Bäder von Lucca' zurück, obwohl sie für das Verständnis von Heines Glücksvorstellung sehr viel wichtiger wären wie zum Beispiel Franscheska, die schöne, kapriziöse, sinnliche Tänzerin. Franscheska, „einige sechstausend Jahre zu jung" (B 2, 413), ist keine individuelle Persönlichkeit, sondern allegorische Projektion des Hellenen Heine, an der kontrastiv die Beschädigung der Gegenwart, der Zeitgenossen, aber auch die eigene Unzulänglichkeit bewußt werden soll: „O Franscheska, schöner Himmel, laß mich deine Erde sein! (...) So rief ich und streckte die Arme flehend empor, und rannte mit dem Kopfe gegen manchen Baum, den ich dann umarmte, statt zu schelten (...)". (B 2, 422) Die Projektion der Vollkommenheit stößt sich an der Realität, und der Traum des Glücks wandelt sich zur Trauer über das längst Verlorene.

Das ist das eigentliche Resultat der Italienreise Heines: die Antike wurde gerade nicht wiedergefunden, die Diskrepanz zwischen düsterer Gegenwart und idealisch verklärter, schöner Vergangenheit hingegen umso schmerzlicher empfunden. Die Beschreibung Franscheskas führt das Thema der ‚Götter Griechenlands' fort, das in der ‚Nordsee' erstmals behandelt worden war: „Auch das Gesicht war ganz göttermäßig, wie man es bei griechischen Statuen findet". (B 2, 415) Damit wird die Gestalt eingerückt in die Reihe der Marmorgestalten, die Heines Werk von den ‚Florentinischen Nächten', einer weiteren Frucht des Italienerlebnisses, bis zum ‚Romanzero' als Sinnbilder vollendeten schönen Lebens durchziehen: nur vorübergehend sind sie zum Leben zu erwecken, verkörpern sie wie die schöne Franscheska einen Sensualismus, dem schon zu dieser Zeit mehr und mehr Heines Sehnsucht gilt.

3. ‚Der Rabbi von Bacherach' und andere Prosafragmente

Daß Heine kein Talent zum Erzähler hatte, ist nicht nur für einen Großteil auch der neueren Heine-Forschung unbestritten, Heine selbst scheint über seine Begabung als Erzähler unsicher gewesen zu sein. Während er an seinem ersten großen Erzählversuch, dem Fragment gebliebenen ‚Rabbi von Bacherach' arbeitet, schreibt er am 25. Juni 1824 an seinen Freund Moser: „Bey dieser Gelegenheit merkte ich auch daß mir das Talent des Erzählens ganz fehlt"; fügt aber dann doch vorsichtiger hinzu: „vielleicht thue ich mir auch Unrecht und es ist bloß die Sprödigkeit des Stoffes." (HSA 20, 168) Daran ist zweifellos richtig, daß das Thema, das Heine gewählt hatte, besondere Anforderungen stellte, an deren Bewältigung allein Heines Begabung als Erzähler nicht gemessen werden kann.

„Ich bin jetzt bey Christ und Jude verhaßt. Ich bereue sehr daß ich mich getauft habe", schreibt Heine ein halbes Jahr nach der Taufe an denselben Moser (HSA 20, 234), und wüßten wir nicht genau, daß Heine mit der Arbeit am ‚Rabbi' bereits im Frühjahr 1824 begonnen hat, so könnte es fast scheinen, als hätte dieses Werk eine Form der Abbitte für den am 28. Juni 1825 in Heiligenstadt vollzogenen Taufakt darstellen sollen. Jedenfalls hat sich Heine noch lange gegen den Rat des Freundes und auch gegen die Meinung seines Verlegers Campe gewehrt, die Veröffentlichung einer Judennovelle sei zu dieser Zeit im Hinblick auf die Berufschancen und den Marktabsatz nicht opportun. Daß die Arbeit schließlich doch liegenblieb, hatte letztlich andere Gründe, hing vor allem mit der „Sprödigkeit des Stoffes" zusammen. Man wird vermuten dürfen, daß Heine zur Bewältigung der selbstgestellten Aufgabe, nämlich die idealtypische Darstellung des Judentums einerseits und die gleichzeitige kritische Reflexion aller entsprechenden Bestrebungen in der Gegenwart andererseits, wie er sie während seiner Berliner Zeit vor allem in dem ‚Verein für Kultur und Wissenschaft der Juden' kennengelernt hatte, noch nicht alle notwendigen erzählerischen Mittel zur Verfügung standen. Und die umfangreichen historisch-philologischen Studien, die Heine in der Göttinger Universitätsbibliothek trieb, reichten allein dafür nicht aus. So blieb es zunächst bei diesem Fragment. Erst im Pariser Exil der vierziger Jahre ist dem Autor, angeregt durch eine Ritualmordaffäre in Damaskus, die Fortführung gelungen, wobei bis heute nicht völlig geklärt ist, welche Teile neu geschrieben bzw. ergänzt, welche hingegen nur überarbeitet wurden.

Die uns überlieferten Kapitel setzen mit der großartigen Schilderung der Stadt Bacherach und der dort ansässigen Judengemeinde ein, scharf kontrastierend mit dem Schluß des ersten Kapitels, der Flucht des Rabbi und seiner Frau Sara vor dem drohenden Progrom, dem die Gemeinde zum Opfer fällt. Das Verhalten des Rabbi wird nicht begründet und ist allen Interpreten als Widerspruch zur stimmigen und stimmungsvollen Eingangsszene aufgefallen. Der unaufgelöste Widerspruch rückt den Leser in Distanz zum idealisch gezeichneten Bild des Anfangs, und die Antwort auf die Frage, warum der Rabbi seine Glaubensbrüder gerade in dem Augenblick allein läßt, da sie des geistlichen Schutzes bedurft hätten, bleibt dem Leser überlassen.

Das zweite Kapitel führt den Gegensatz fort, wenn die schöne Sara immer wieder ermahnt wird, die Augen zu schließen, dem Blick auf die alles andere als schöne Realität der Stadt Frankfurt auszuweichen. Allein dadurch gelingt es ihr, sich die schöne Utopie zu bewahren, die sie im Bilde Jerusalems geträumt hat. Die im Frankfurter Ghetto beheimateten Juden Jäckel und Nasenstern hingegen verkörpern in ihrer karikaturalen Beschädigung die Außenseiter der Gesellschaft: an ihnen ist die Verkrüppelung des jüdischen Charakters durch die jahrhundertelange Tradition des Judenhasses und der Judenverfolgung in der Diaspora schon rein äußerlich abzulesen. Der zeitgenössische Leser sollte und mußte das als tragisch verstehen, als eigentlich unzeitgemäßen Kontrast zum Aufklärungsideal der Emanzipation, die nach ihrem Selbstverständnis unterschiedslos für alle hätte gelten sollen. Im Zeitalter der Rücknahme der entsprechenden Toleranzedikte nach dem Ende der napoleonischen Ära schildert Heine nun die Ghettosituation, wie er sie bei seinem Frankfurter Aufenthalt zu Beginn der 20er Jahre kennengelernt hat, und erneut verschließt die schöne Sara die Augen vor der bedrängenden Wirklichkeit: sie fällt in Ohnmacht.

Die skizzierten Kontraste verschärft das dritte, eindeutig später entstandene Kapitel, indem es mit Don Isaak den konvertierten Juden einführt und damit gleichsam ein Selbstporträt Heines zeichnet. Der „nie abzuwaschende Jude", als der sich Heine zeitlebens gefühlt hat, tritt in neuem, durchaus zeitgemäßem Kostüm auf und verweist auf die eigentliche Aussage des Fragments: im Licht des letzten Kapitels erscheint es weniger als eine Verteidigung der jüdischen Religion, vielmehr als eine Verteidigung des eigenen Taufakts, darüber hinaus aber vor allem als Eingeständnis, als Verteidigung menschlicher Schwäche, die allen eindeutigen, pharisäerhaften Positionen entgegengehalten wird. Alle im Fragment erscheinenden Personen sind nicht das, was sie ihrer wahren Bestimmung nach sein könnten, der glaubenstreue Rabbi so wenig wie Jäckel und Nasenstern, die schöne Sara so wenig wie der rollengewandte Don Isaak, der sich als einziger der eigenen Schwäche bewußt ist und sie offen ausstellt.

Mit Nachdruck plädiert Heines narratives Toleranzmodell ‚Der Rabbi von Bacherach' für die Einsicht, daß es kein richtiges Verhalten innerhalb eines falschen Lebens, einer deformierenden Gesellschaft geben kann. Die „erste Ghettoerzählung in deutscher Sprache", wie Erich Loewenthal den ‚Rabbi' 1937 in dunkler Zeit genannt hat, verkehrt Heines an den ‚Reisebildern' erprobte und bewährte witzig-burleske Erzählweise in einen düster-melancholischen, beinahe traurig-verzweifelten Diskurs über das jüdische Schicksal, der in dieser Art innerhalb seines Werkes, zweifellos aber auch innerhalb der neueren deutschen Literatur kaum seinesgleichen hat.

Dennoch hat gerade dieses Werk lange Zeit wenig Beachtung gefunden. Wie den beiden anderen Erzählversuchen Heines, dem wahrscheinlich zwischen 1831 und 1833 entstandenen Fragment ‚Aus den Memoiren des Herren von Schnabelewopski', das 1834 im Band I des ‚Salon' erschien, und den ‚Florentinischen Nächten', deren Entstehung bis in die Jahre 1825–1831 zurückreicht, bevor sie Mitte der 30er Jahre wieder aufgenommen und zuerst 1836 unvollständig im ‚Morgenblatt für gebildete Stände', ein Jahr später dann im dritten Band des ‚Salon' veröffentlicht wurden, hat man am ‚Rabbi' nur die mangelnde stilistische Einheit gesehen, ja auf fehlende künstlerische Gestaltungsweise überhaupt geschlossen.

Dabei hat Heine bei seinen drei Erzählversuchen von Anfang an mit den herkömmlichen Erzählformen wohl mehr experimentieren als vorgegebene Gattungsgesetze streng erfüllen wollen: im ‚Rabbi' folgt er streckenweise dem Modell des historischen Romans, im ‚Schnabelewopski' ist unschwer das Vorbild des Schelmenromans auszumachen, freilich erweitert um formale und inhaltliche Elemente der ‚Reisebilder'-Prosa, und in den zur italienischen Phase gehörenden ‚Florentinischen Nächten' erscheint die zeitgenössische Form der Konversationsnovelle. Nach den Kriterien der klassisch-romantischen Ästhetik oder des poetischen Realismus ist Heine dabei zweifellos gescheitert: mangelnde Abrundung, fehlende Integration und kompositorische Schwächen lassen sich zuhauf nachweisen. Sinnvoller erscheint es jedoch, nicht nur die Nähe dieser drei Werke zu den ‚Reisebildern' zu betonen, sie also im Lichte des „Funktionsübergangs von Dichtung und Publizistik" (Preisendanz) zu sehen, sondern sie – ähnlich wie die Lyrik – als versuchter Vorgriff auf Erzählweisen und -haltungen der Moderne zu werten, in denen Prinzipien der Collage- und Montagetechnik im Sinne einer Kontrastpoetik vorweggenommen sind: also erneut Diskontinuität, Dissoziation und Dissonanzen als Spiegel einer Welt, die sich den klassischen Harmonieprinzipien und Normvorstellungen gerade nicht mehr fügt. Noch zerfallen, zerfließen dem Schriftsteller nicht wie später bei Hofmannsthal die einzelnen Wörter, wohl aber die überkommenen Formen: deren Bruchstellen werden nun so aussagekräftig, wie es einstmals die abgerundeten Schlüsse und die volltönenden Kadenzen waren.

III. Die „pacifike Mission"

1. Die Frankreich-Schriften

Als Heine nach Paris übersiedelte, war er unter anderem auch Berichterstatter für Cotta, in dessen Stuttgarter ‚Morgenblatt' noch im selben Jahr eine erste Arbeit erschien, die sich mit der periodisch, aber unregelmäßig wiederkehrenden Kunstausstellung im Louvre befaßte und zuerst unter dem Titel ‚Gemäldeausstellung in Paris', später dann unter dem erweiterten Titel ‚Französische Maler. Gemäldeausstellung in Paris 1831' im ersten Band des ‚Salon' publiziert wurde. Der Bericht über den Gemäldesalon hat also der späteren vierteiligen Reihe, die von 1834 bis 1840 bei Hoffmann und Campe erschien und Heines wichtigste Schriften des ersten Pariser Jahrzehnts, die nicht gesondert in Buchform vorlagen, nach dem Modell der Reisebilder in zwangloser Anordnung zusammenfaßte, den Namen gegeben. Auch wenn der Name gut gewählt war – er bezog sich ja nicht nur auf die von Ludwig XIV. zuerst patronierte Pariser Gemäldeausstellung, sondern erinnerte darüber hinaus an die für Frankreich charakteristische Institution bürgerlicher Öffentlichkeit, die einen freien Gedankenaustausch ermöglichte –, so ist er doch weit weniger populär geworden als der der ‚Reisebilder'. Das mag daran liegen, daß wichtige Werke dieser Jahre wie die ‚Französischen Zustände', ‚Die romantische Schule' und ‚Ludwig Börne' als Einzeldrucke veröffentlicht wurden, aber gewiß auch daran, daß die vier ‚Salon'-Bände in sich disparater ausfielen, als es das Modell der 20er Jahre gewesen war. In der späteren Editionspraxis – auch in Heines Plänen zur Gesamtausgabe 1846, 1848 und 1852 – hat das dazu geführt, daß die einzelnen Bände aufgelöst und so unterschiedliche Werke wie die Gedichte, die auf drei der vier Bände verstreut sind und später in die ‚Neuen Gedichte' aufgenommen wurden, die erzählerischen Schriften, ,Schnabelewopski', ,Florentinische Nächte' und der ,Rabbi', die Frankreich-Schriften ,Französische Maler' und ,Über die französische Bühne' sowie die historisch-philologischen Arbeiten ,Zur Geschichte der Religion und Philosophie in Deutschland', ,Elementargeister' und einige kleinere Arbeiten nach neuen thematischen bzw. gattungsbezogenen Gesichtspunkten zusammengestellt wurden. Wegen der unterschiedlichen Zielrichtung von Heines „pacifike(r) Mission, die Völker einander näher zu bringen (...); mit der Zerstörung der nationalen Vorurtheile, mit dem Vernichten der patriotischen Engsinnigkeit" zu beginnen (HSA 21, 51f.), erscheint es darüber hinaus sinnvoll, die in den 30er Jahren entstandenen Schriften nach ihrem jeweiligen Adressaten zu unterscheiden: während die für deutsche Leser bestimmten Frankreich-Berichte sich am Sieg des „demokratischen Prinzips" jenseits aller nationalstaatlichen Grenzen orientieren und die französischen Zustände permanent den zurückgebliebenen Verhältnissen in Deutschland entgegensetzen, sollen die für französische Leser gedachten Arbeiten in erster Linie mit der inneren, geistig-philosophischen Entwicklung Deutschlands bekanntmachen, um auf diese Weise zur Verwirklichung des in revolutionärem Geist entwickelten Programms einer deutsch-französischen Synthese beizutragen: „Ich bin daher der inkarnirte Kosmopolitismus, ich weiß, daß dieses am Ende die allgemeine Gesinnung wird in Europa (...)." (HSA 21, 52)

In diesem Sinne sind schon die scheinbar unpolitisch angelegten ,Salon'-Berichte der ,Französischen Maler' überaus charakteristisch, galt es doch, mit der Historienmalerei von Delacroix, Vernet, Delaroche und anderer bekanntzumachen, wobei sich politische Anspielungen naturgemäß kaum vermeiden ließen, und es ist gerade die von Heine scharf herausgearbeitete Parallelentwicklung von künstlerischer und politischer Revolution, die seiner ersten Frankreich-Schrift ihren besonderen Reiz verleiht. In thematischem Anschluß an die Julirevolution fand auch in der Malerei eine Umwälzung, eine Revolution statt: „Auch sie folgte der sozialen Bewegung und ward endlich mit dem Volke selber verjüngt." (B 3, 74)

Als überzeugendstes Beispiel für diese These und zugleich als Höhepunkt von Heines Salonbericht überhaupt ist die Beschreibung der Delacroixschen ‚Liberté' anzusehen: ein Monumentalgemälde, das Heine vor allem wegen der „Heiligkeit des Sujets" fasziniert: „Eine Volksgruppe während den Juliustagen ist dargestellt, und in der Mitte, beinahe wie eine allegorische Figur, ragt hervor ein jugendliches Weib, mit einer roten phrygischen Mütze auf dem Haupte, eine Flinte in der einen Hand und in der andern eine dreifarbige Fahne. Sie schreitet dahin über Leichen, zum Kampfe auffordernd, entblößt bis zur Hüfte, ein schöner, ungestümer Leib, das Gesicht ein kühnes Profil, frecher Schmerz in den Zügen, eine seltsame Mischung von Phryne, Poissarde und Freiheitsgöttin." (B 3, 39f.) Daß die über Leichen voranschreitende ‚Liberté' – ein Motiv, das sich auch in anderen Heine-Texten wie z.B. dem erst aus dem Nachlaß veröffentlichten ‚Hymnus' findet – von Vertretern des Volkes umgeben ist, verweist in den Augen Heines auf die „Volkwerdung der Freiheit" (B 5, 461), die er jetzt und später als die wichtigste Aufgabe der modernen Gesellschaft erkennt; daß die Freiheitsgöttin sich dem Betrachter „entblößt bis zur Hüfte" präsentiert, kündet nach Heine vom endlichen Sieg froher Diesseitigkeit und bislang unterdrückter Sinnlichkeit über den abgelebten Spiritualismus, über „Die dumme Leiberquälerei", wie es das in dieselbe Zeit gehörende, berühmte Gedicht ‚Seraphine VII' paradigmatisch formuliert: ein Bildzeichen, das den Sensualisten und Saint-Simonisten Heine unmittelbar ansprach.

In der Betrachtung und Beschreibung der Bilder der Pariser Gemäldeausstellung findet Heine nun auch seine schon vor der Julirevolution in der Auseinandersetzung mit der zeitgenössischen deutschen Literatur aufgestellte These bestätigt: „Meine alte Prophezeihung von dem Ende der Kunstperiode, die bei der Wiege Goethes anfing und bei seinem Sarge aufhören wird, scheint ihrer Erfüllung nahe zu sein. Die jetzige Kunst muß zu Grunde gehen, weil ihr Prinzip noch im abge-

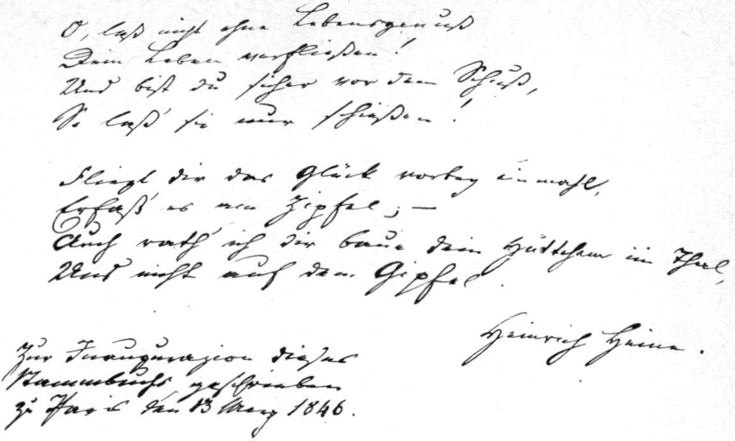
O, laß nicht ohne Lebensgenuß
Dein Leben verfließen!
Und bist du sicher vor dem Schuß,
So laß sie nur schießen!

Fliegt dir das Glück vorbey einmahl,
Erfaß' es am Zipfel; —
Auch rath' ich dir baue dein Hüttchen im Thal
Und nicht auf dem Gipfel.

Heinrich Heine.

Zur Erinnerung dieses Stammbuchs geschrieben zu Paris den 13 May 1846.

3. Stammbuchblatt für Friederike Friedland, der Schwester Lassalles, 1846 (Motto zu den ‚Hebräischen Melodien' des ‚Romanzero', 1851)

4. Französische Erstausgabe der ‚Reisebilder', 1834 und Separatdruck des ‚Wintermärchens', 1844 (Heine-Museum, Düsseldorf)

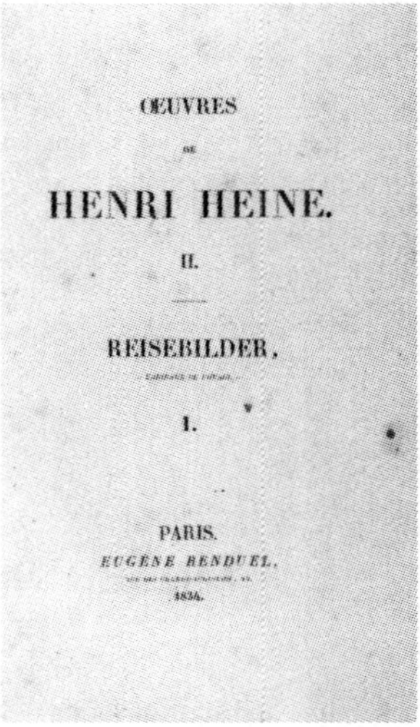

lebten, alten Regime, in der heiligen römischen Reichsvergangenheit wurzelt." (B 3, 72) Das Bewußtsein, Zeitgenosse eines neuen, bürgerlichen Zeitalters zu sein, führt Heine zur Verkündigung eines neuen Kunstbegriffs, der „alle welken Überreste dieser Vergangenheit" abstreift, sich aber gleichwohl auf historische Vorbilder beruft „wie einst in Athen und Florenz, wo eben in den wildesten Kriegs- und Parteistürmen die Kunst ihre herrlichsten Blüten entfaltete. Freilich, jene griechischen und florentinischen Künstler führten kein egoistisch isoliertes Kunstleben, die müßig dichtende Seele hermetisch verschlossen gegen die großen Schmerzen und Freuden der Zeit; (...) sie trennten nicht ihre Kunst von der Politik des Tages, sie arbeiteten nicht mit kümmerlicher Privatbegeisterung, die sich leicht in jeden beliebigen Stoff hineinlügt"; (B 3, 72). Es ist die Vorwegnahme jener Definition der modernen Schriftsteller, die Heine wenig später in der ‚Romantischen Schule' programmatisch formulieren wird, der Schriftsteller, die „keinen Unterschied machen wollen zwischen Leben und Schreiben, die nimmermehr die Politik trennen von Wissenschaft, Kunst und Religion, und die zu gleicher Zeit Künstler, Tribune und Apostel sind." (B 3, 468)

So evident der Zusammenhang von gesellschaftlicher und künstlerischer Entwicklung war, so folgerichtig schritt Heine von der politisch grundierten Kunstbetrachtung zur kunstvoll komponierten Gesellschaftsanalyse voran. Er war ja nach Paris gekommen, um die gesellschaftspolitischen Entwicklungen und Wandlungen zu Beginn der Regierungszeit des Bürgerkönigs Louis-Philippe zu studieren, und er berichtete darüber ab 1832 für Cottas ‚Augsburger Allgemeine Zeitung' unter dem Titel ‚Französische Zustände'.

Es gab genug zu berichten damals, nicht nur Bilder und Eindrücke des Pariser Alltags, sondern auch andere Ereignisse in Fülle, wie den Seidenweber-Aufstand in Lyon, die Cholera in Paris, die Niederschlagung republikanischer Aufstände, das Verbot der Saint-Simonisten etc. Während in Deutschland nach dem Hambacher Fest neue Pressegesetze erlassen wurden, informierte Heine seine deutschen Leser in neun großen

Artikeln und zahlreichen kleineren Tagesberichten über die Vorgänge im anderen Zentrum der Politik, in Frankreich. Die Informationen waren umso wertvoller, als Heine überall direkten Zugang hatte, zu den karlistisch-monarchistischen Kreisen, den Bällen des Premierministers, den Essen bei den Rothschilds ebenso wie zu den Versammlungen der Saint-Simonisten.

Wie genau dabei zumindest die ersten Artikel komponiert waren, zeigen die Charakterisierungen der wichtigsten Politiker aus dem Regierungslager, die die ersten fünf Artikel bestimmen und jeweils mit den bedeutendsten Oppositionsströmungen konfrontiert werden. Der neunte Artikel vom 25. Juni 1832 (in der Buchfassung auf den 16. Juni zurückdatiert), der im Anschluß an das Hambacher Fest und den Pariser Aufstand der Republikaner grundsätzliche Überlegungen zur Frage der Staatsform anstellte, konnte allerdings nicht mehr erscheinen. „Ich glaube nicht so bald an eine deutsche Revolution, und noch viel weniger an eine deutsche Republik; letztere erlebe ich auf keinen Fall; aber ich bin überzeugt, wenn wir längst ruhig in unseren Gräbern vermodert sind, kämpft man in Deutschland mit Wort und Schwert für die Republik. Denn die Republik ist eine Idee, und noch nie haben die Deutschen eine Idee aufgegeben, ohne sie bis in allen ihren Konsequenzen durchgefochten zu haben. Wir Deutschen, die wir in unserer Kunstzeit die kleinste ästhetische Streitfrage, z.B. über das Sonett, gründlichst ausgestritten, wir sollten jetzt, wo unsere politische Periode beginnt, jene wichtigere Frage unerörtert lassen?" (B 3, 210f.)

Das zu drucken, war nach den Bundestagsbeschlüssen vom 28. Juni 1832 nicht mehr möglich. Friedrich von Gentz, der Vertraute Metternichs, hatte sich schon vorher wiederholt bei Cotta beschwert. Man vermutet eine Intrige des Wiener Bankiers Rothschild Salomon Meyer, der Metternich auf Heines Attacken gegen das Eigentum, die heilige Kuh der Klassengesellschaft, aufmerksam gemacht hatte. Der Eingriff war zwangsläufig, auch wenn Metternich – bzw. gerade weil er – die ästhetische Leistung des Dichter-Reporters anerkannte und ihre Wirksamkeit durchaus richtig einzuschätzen wußte. Heine griff in dieser Situation wieder auf erprobte Verhaltensweisen zurück und machte aus den ‚Französischen Zuständen' ein Buch, das wegen seines Umfangs von mehr als 20 Bogen nicht der Vorzensur unterlag: das erste rein politische Werk des Autors, das in seiner endgültigen Komposition allerdings erheblich von den Korrespondenzberichten für die ‚Augsburger Allgemeine Zeitung' abweicht. So verschärfte zum Beispiel die neu hinzugefügte ‚Beilage zu Artikel VI' gerade die gerügte Tendenz der Berichte, indem sie mit einem ausführlichen Zitat Thomas Müntzer zu Wort kommen ließ, „Thomas Münzer [!], einer der heldenmütigsten und unglücklichsten Söhne des deutschen Vaterlandes, ein Prediger des Evangeliums, das, nach seiner Meinung nicht bloß die Seligkeit im Himmel verhieß, sondern auch die Gleichheit und Brüderschaft der Menschen auf Erden befehle." (B 3, 229)

Wie zu erwarten wurde das Buch sofort nach Erscheinen in Preußen am 1. Februar 1833 verboten, aber bereits zuvor hatte Heine mit der Veröffentlichung Ärger gehabt; denn die Vorrede, die er als Antwort auf die österreichische Intervention bei Cotta recht aggressiv gehalten hatte, erschien bei Campe völlig entstellt, so daß sich ihr Sinn ins glatte Gegenteil verkehrt hatte. Heine sah sich genötigt, beim Pariser Verlagshaus Heideloff und Campe, das mit Campe in keiner näheren Geschäftsbeziehung stand, einen Separatdruck der ungekürzten Vorrede herauszugeben; die aus gleichem Anlaß verfaßte, noch schärfere ‚Vorrede zur Vorrede' blieb hingegen ungedruckt. Auch diesmal griff die preußische Regierung sofort ein und verbot am 29. September die Pariser Broschüre, die noch mehr Aufsehen erregt hatte als die Buchfassung. Die französische Ausgabe, die Heine, vermehrt um die Berichte über die Pariser Gemäldeausstellung, unter dem Titel ‚De la France' Mitte Juni als sein erstes Werk in französischer Sprache bei Eugène Renduel hatte erscheinen lassen (übersetzt von Adolphe Specht), wurde gleich mitverboten.

Die große, wenn auch kontroverse Resonanz, die das Buch in Frankreich fand und die zusammen mit den in Zeitungen erschienenen Übersetzungen der ‚Reisebilder' durch Max Kaufmann und Adolphe Loewe-Veimars zum rasch wachsenden Ruhm Heines im Land seines Exils beitrug, mag ihn darüber hinweggetröstet haben, daß sich seit Mitte der dreißiger Jahre seine literarisch-politischen Einflußmöglichkeiten in Deutschland immer stärker verminderten, seine Berichterstattung aus Frankreich fast ganz zum Erliegen kam, und er, als er sie mit den Berichten ‚Über die französische Bühne' wiederaufnahm (geschrieben 1837, veröffentlicht 1840 im vierten Band des ‚Salon'), unter erschwerten politischen Bedingungen zu erhöhter Vorsicht, und das hieß: zu verstärkter Selbstzensur gezwungen war.

Im Herbst 1835 hatte eine scharfe Kritik Wolfgang Menzels an Karl Gutzkows Roman ‚Wally die Zweiflerin' in der Literaturbeilage des ‚Morgenblattes' eine wahre Hexenjagd auf die junge liberale Literatur, die unter dem Namen ‚Junges Deutschland' bekanntgeworden war, ausgelöst. Menzel rief in seinem Artikel unter der Überschrift ‚Unmoralische Literatur' und in weiteren Pamphleten dazu auf, von dieser Literatur abzurücken, sie sei undeutsch, von den Franzosen angesteckt – die Anspielung auf die „Franzosenkrankheit" war nicht zu überhören –, sie untergrabe die religiösen und sittlichen Grundlagen der Gesellschaft, baue das Haus der Sünde neben dem Tempel; Unzucht und Gotteslästerung gingen da Hand in Hand, und es gälte, diese Schule der frechsten Unsittlichkeit und raffinierten Lüge, von Schwächlingen und Wollüstigen hervorgebracht, bis zu ihrer Vernichtung zu bekämpfen.

Aufgrund des heute harmlos erscheinenden Romans von Gutzkow können wir uns kaum noch einen Begriff machen von diesem Literaturstreit, bei dem doch die Literatur nur ein vorgeschobenes Argument war, um in Wirklichkeit anderes, nämlich das allgemeine Emanzipationsstreben, das sich hier über die Forderung nach der Emanzipation der Frau vermittelte, zu denunzieren. Heine rückte dabei ins Zentrum der Menzelschen Attacken als der „ebenso frivole als geniale Heine, von dem der ganze Unfug ausgegangen ist. Von Geburt Jude, durch die Sympathien seines Talentes und durch die Zufälle seines Lebens in Paris heimisch geworden, hat er dort zuerst den Ton angestimmt, der ein so vielstimmiges Echo in dem jungen Deutschland fand ... Er zuerst, von jüdischen Antipathien und französischen Beispielen verlockt, machte die Verspottung des Christenthums und der Moral, der deutschen Nationalität und Sitte, die Vorschläge, das Fleisch zu emancipieren, die liederlichen Prahlereien, die Debauchen des jungen Frankreich, das Kokettieren mit der Republik, die Affektation, an die große Revolution der Zukunft zu appellieren, zu dem fruchtbaren Thema, das seitdem die jungen Deutschen in allen Variationen durchgespielt haben."

In nuce haben wir in dieser Charakteristik durch Menzel das Ineinander von Dichtung, Politik und Moral, wie es das Heinesche Emanzipationsprogramm verkündet. Zugleich vermittelt die Attacke Menzels einen deutlichen Hinweis auf die große Wirkung, die dieses Programm in der damaligen Zeit hatte. Wäre da nicht ein Nerv getroffen worden und wären nicht so viele junge Talente dem längst außer Landes weilenden Autor gefolgt, hätten sich die konservativ-reaktionären Regierungen wohl kaum bemüßigt gefühlt, die Angriffe des Stuttgarter Literaturpapstes zum Anlaß zu nehmen, gegen die Dichtergruppe einzuschreiten. Gutzkow wurde am 1. Dezember 1835 in Mannheim verhaftet und wegen unsittlicher und irreligiöser Schriften in Untersuchungshaft genommen. Am gleichen Tag nannte die ‚Freiburger Zeitung' das ‚Junge Deutschland' eine weitgehend von Juden gesteuerte Mörderbande: so vergiftet war inzwischen die Atmosphäre. Und am 10. Dezember folgte das berüchtigte Edikt des deutschen Bundestags, durch das erstmals in der deutschen Literaturgeschichte eine ganze Autorengruppe unterdrückt, alle „bisherigen Schriften des sogenannten ‚Jungen Deutschland'" im gesamten Gebiet des Deutschen Bundes verboten wurden. Namentlich genannt wurden in dieser Reihenfolge Heine, Gutzkow, Laube, Wienbarg und Theodor Mundt. Generell waren auch alle später noch erscheinenden Schriften von diesem Verbot betroffen, das, selbst wenn es nicht überall in Deutschland strikt eingehalten wurde, doch zu einer empfindlichen Einbuße, ja einer Existenzgefährdung führen mußte. Gutzkow, Laube und Mundt machten deshalb Zugeständnisse an den Bund, Heine und Wienbarg hingegen nicht. Für Heine hatte sich endgültig die Übersiedlung nach Frankreich in ein Exil verwandelt, der Rückweg nach Deutschland, ins schwierige Vaterland, war ihm einstweilen verschlossen.

Heine blieb auch in dieser Situation nicht stumm, doch verraten die Schriften dieser Zeit eine gewisse politische Enthaltsamkeit. Das trifft auf die ‚Florentinischen Nächte' ebenso zu wie auf die kleineren Gelegenheitsarbeiten, die man als Fortführung der größeren literatur- und philosophiegeschichtlichen Studien der 30er Jahre ansehen könnte: die Einleitung für eine 1837 erscheinende Ausgabe des ‚Don Quixotte', in der er expressis verbis seinen Weg ins Exil reflektiert, auf dem ihn, wie er vorgibt, der Ritter von der traurigen Gestalt und sein Sancho Pansa im Mai des Jahres 1831 begleitet hätten. Und es trifft zu auf die kleinere Arbeit des folgenden Jahres, zu einer Reihe von Stichen nach den Dramen Shakespeares Begleittexte zu schreiben, die Heine als außergewöhnlichen Kenner Shakespeares zeigen.

Vor allem trifft es zu für die ‚Vertrauten Briefe an August Lewald', wie der Untertitel von ‚Über die französische Bühne' lautet, ein Text, mit dem die Berichterstattung über die französischen Zustände der 30er Jahre zum Abschluß kommt. Heine schildert in zehn, etwa gleich langen Briefen die Pariser Theater- und Musikwelt, bietet aus „Scheu vor der Politik", wie der zweite Brief formuliert (B 3, 291), den Ansatz zu einer Soziologie des Theaters, die französische und deutsche Entwicklungen vergleicht und dabei denn doch etwa in den Reflexionen über die französische Tragödie theatersoziologische Aspekte geschickt – und im Gewande völkerpsychologischer Erwägungen – mit zeitkritisch zu verstehenden Aussagen verschränkt: „Wie wir Deutsche in den Werken französischer Dichter den unaufhörlichen Sturm und Drang der Passion nicht begreifen können, so unbegreiflich ist den Franzosen die stille Heimlichkeit, das ahnung- und erinnerungsüchtige Traumleben, das selbst in den leidenschaftlich bewegtesten

Dichtungen der Deutschen beständig hervortritt. Menschen, die nur an den Tag denken, nur dem Tage die höchste Geltung zuerkennen und ihn daher auch mit der erstaunlichsten Sicherheit handhaben, diese begreifen nicht die Gefühlsweise eines Volkes, das nur ein Gestern und ein Morgen, aber kein Heute hat, das sich der Vergangenheit beständig erinnert und die Zukunft beständig ahnet, aber die Gegenwart nimmermehr zu fassen weiß, in der Liebe wie in der Politik. Mit Verwunderung betrachten sie uns Deutsche, die wir oft sieben Jahre lang die blauen Augen der Geliebten anflehen, ehe wir es wagen, mit entschlossenem Arm ihre Hüften zu umschlingen. Sie sehen uns an mit Verwunderung, wenn wir erst die ganze Geschichte der französischen Revolution samt allen Kommentarien gründlich durchstudieren und die letzten Supplementbände abwarten, ehe wir diese Arbeit ins Deutsche übertragen, ehe wir eine Prachtausgabe der Menschenrechte, mit einer Dedikation an den König von Bayern ..." (B 3, 301 f.)

Trotz der eingestreuten, wichtigen Porträts so bedeutender Persönlichkeiten wie Hugo und Meyerbeer fanden die Theaterbriefe nur eine schwache Resonanz und blieben ganz im Schatten der vorangehenden großen literatur- und philosophiegeschichtlichen Arbeiten bzw. des nachfolgenden Börne-Buchs, das im gleichen Jahr erschien wie der letzte ‚Salon'-Teil mit den Theaterbriefen.

2. Die Deutschland-Schriften

„Frau von Staëls Werk ‚de l'Allemagne' ist die einzige umfassende Kunde, welche die Franzosen über das geistige Leben Deutschlands erhalten haben. Und doch ist, seitdem dieses Buch erschienen, ein großer Zeitraum verflossen, und eine ganz neue Literatur hat sich unterdessen in Deutschland entfaltet." (B 3, 360) Mit diesen Worten leitet Heine seine umfangreiche Darstellung ein, die zuerst unter dem Titel ‚Zur Geschichte der neueren schönen Literatur in Deutschland' in zwei Teilen bei Heideloff und Campe erschien, zwei Jahre später dann umgearbeitet wurde und den Namen erhielt, unter dem sie in der Literaturgeschichte bekanntgeworden ist: ‚Die Romantische Schule'.

Ausgangspunkt war eine Reihe von Aufsätzen, die das Deutschland-Bild Madame de Staëls ergänzen, fortführen, vor allem aber korrigieren sollten. Die Aufsätze waren unter dem Titel ‚Etat actuel de la littérature en Allemagne' ab März 1833 in der kurzlebigen Zeitschrift ‚L'Europe littéraire' erschienen. Bereits die Einleitung macht die doppelte Stoßrichtung deutlich, die Heine mit dem Buch im Auge hatte, nämlich die Revision des französischen Deutschland-Bildes und die vertiefte Auseinandersetzung mit der Kunstperiode und ihrem Ende. Während Madame de Staëls Buch nach Heines Meinung dadurch „bewußte Parteilichkeiten ausübt, daß sie, durch die Lobpreisung des geistigen Lebens, des Idealismus in Deutschland, eigentlich den damaligen Realismus der Franzosen, die materielle Herrlichkeit der Kaiserperiode, frondieren will", (B 3, 361) unternimmt es Heine, im Rückblick auf die Entwicklung der deutschen Literatur seit dem Mittelalter der Romantik ihren literaturhistorischen Stellenwert zuzuschreiben und gleichzeitig das Programm einer neuen, radikal-demokratischen, ja revolutionären Literatur zu skizzieren.

Damit rückte erneut Heines Auseinandersetzung mit Goethe ins Blickfeld, die sein Leben und Werk vom ersten kleinen Aufsatz ‚Die Romantik' (1820) bis zum späten Ballettszenario ‚Der Doktor Faust. Ein Tanzpoem' (dt. 1851) begleitet, nun freilich ohne jede persönliche Ranküne, wie sie manche Äußerungen aus den zwanziger Jahren noch hatten erkennen lassen. Anfang und Ende des ersten Buches der ‚Romantischen Schule' beschwören Goethes Tod als das Symbol einer Zeitenwende, und erneut verschränkt sich dabei die ästhetische mit der politischen Wertung; als der unbestrittene Herrscher im Bereich der Kunst erscheint Goethe unter Heines Blickwinkel dem absolutistischen Herrscher des Ancien régime benachbart, über den der Wettlauf längst hinweggeschritten war: „Ein absoluter Dichter, der ebenfalls seine Macht von Gottes

Gnade erhalten hat, betrachtet in gleicher Weise diejenige Person seines Geisterreichs als die wichtigste, die er eben sprechen läßt, die eben unter seine Feder geraten, und aus solchem Kunstdespotismus entsteht jene wunderbare Vollendung der kleinsten Figuren in den Werken Homers, Shakespeares und Goethes." (B 3, 399)

Das ist durchaus doppelsinnig formuliert, kritisiert durch die Verwendung des Begriffs Despotismus die zugrundeliegende, souverän und autoritär verfügende Haltung, ohne indes an der zutagegetretenen Großartigkeit der Ergebnisse des künstlerischen Bemühens selber irgendwelche Abstriche zu machen. Die gegenwartsbezogene, im wesentlichen politisch fundierte Einsicht, daß die Kunstperiode ein für allemal vergangen ist, verschließt sich keinesfalls der Bewunderung für den dauernden Zauber der einst unter ganz anderen Verhältnissen und Bedingungen entstandenen Kunst. Während die polemisch zugespitzte Goethe-Kritik der Jungdeutschen in jenen Jahren bereit zu sein schien, das Kind mit dem Bade auszuschütten, d.h. mit der avisierten Veränderung der Verhältnisse zugleich das unter ihnen entstandene Kunstwerk zu liquidieren, war für Heine dieser Preis offensichtlich zu hoch: ein wichtiger Gesichtspunkt, der über die zeitgenössische Auseinandersetzung um die Bedeutung Goethes hinaus auf Heines Kunstkonzeption der folgenden Jahrzehnte vorausweist. Am Beispiel der differenzierten und – nimmt man die 20er Jahre hinzu – durchaus nicht widerspruchsfreien Beschäftigung mit Goethe und seinem Werk deutet sich bereits an, was in den 40er und 50er Jahren offen zutagetreten wird: die Einsicht, daß das Kunstwerk kraft seiner von Entstehungsbedingungen und -umständen gelösten Autonomie seine eigentliche Bedeutung dadurch gewinnt, daß es sich keinem Zweck anpaßt, sich für keinen mißbrauchen läßt, sondern daß es in sich und für sich existiert, Zeiten überdauernd als offenbarer Gegensatz zur Welt. Deshalb klingt das erste Buch der ‚Romantischen Schule' mit der auf Goethe gemünzten, aber nicht nur für ihn gültigen Doppelkadenz aus: „Les dieux s'en vont; – aber die Könige behalten wir." (B 3, 406) Keineswegs sollte die aktuell-zeitgemäße Kunst mit ihrer politisch-revolutionären Stoßrichtung den Stab brechen über die großen Werke einer endgültig vergangenen Epoche.

Das betrifft auch Heines eigenes Verhältnis zur Romantik, wie es in dieser ersten Literaturgeschichte der Epoche – die allerdings zu Unrecht nie als solche gelesen wurde – aufscheint: so sehr er sich als ihr dichterischer Erbe fühlt, so sehr betrachtet er sich als ihr politischer Gegner. Das führt dazu, daß er die Werke einzelner Schriftsteller durchaus hoch einschätzt, sie aber als Autoren an den Pranger der Restauration stellt. Vorbehaltlos positiv wertet er eigentlich nur die romantische ästhetische Kritik, die literarhistorischen und poetologischen Studien der Brüder Schlegel und vor allem die auch von Goethe hochgelobte Volksliedersammlung ‚Des Knaben Wunderhorn' von Arnim und Brentano, der Heine einige der schönsten Seiten des dritten Buches der ‚Romantischen Schule' widmet, bevor er im Schlußteil des Werkes den katholisierenden und deutschtümelnden Tendenzen der romantischen Literatur zuleibe rückt – und ihr damit endgültig entläuft: „Die Schriftsteller, die in Deutschland das Mittelalter aus dem Grabe hervorzogen, (...) und die Wirkung, die sie auf die große Menge ausüben konnten, gefährdete(n) die Freiheit und das Glück meines Vaterlandes. (...) Das deutsche Mittelalter liegt nicht vermodert im Grabe, es wird vielmehr manchmal von einem bösen Gespenste belebt, und tritt am hellen, lichten Tage in unsere Mitte und saugt uns das rote Blut aus der Brust ...

Ach! seht ihr nicht, wie Deutschland so traurig und bleich ist? zumal die deutsche Jugend, die noch unlängst so begeistert emporjubelte? Seht ihr nicht, wie blutig der Mund des bevollmächtigten Vampirs, der zu Frankfurt residiert und dort am Herzen des deutschen Volkes so schauerlich langsam und langweilig saugt?" (B 3, 494 f.)

Mit dieser Überführung der literaturgeschichtlichen in die literaturpolitische, ja revolutionäre Auseinandersetzung, die das saint-simonistische Begriffsschema von Spiritualismus und Sensualismus unschwer erkennen läßt, war Heine nicht nur endgültig „le romantique défroqué" geworden, er hatte auch dem Bundestag in Frankfurt, hatte vor allem Metternich den Fehdehandschuh hingeworfen, den dieser wenig später aufnehmen sollte: der politische Schriftsteller war erneut in die Arena gestiegen. Dabei war die deutsche Aufnahme anfangs noch halbwegs positiv, ehe sie bald schon in totale Ablehnung umschlug – ohne daß die überragende literaturhistorische Bedeutung je erkannt worden wäre, was im übrigen auch auf die französische Ausgabe zutraf: Heines Buch blieb im Schatten der Darstellung Madame de Staëls, die es hatte korrigieren und übertreffen sollen.

„Fängt jetzt eine neue Literatur an, so ist dies Büchlein auch zugleich Programm und ich, mehr als jeder andere mußte wohl dergleichen geben." (HSA 21, 52) Heines Worte in einem Brief an Heinrich Laube, dem er ‚Die Romantische Schule' übersandt hatte, lassen sich auch auf das folgende Werk beziehen, das als großangelegter Bericht über die geistig-politischen Grundlagen Deutschlands die literaturhistorische Studie ergänzte, immer die selbstgestellte Aufgabe, die „pacifike Mission" im Blick, zur Zerstörung der nationalen Vorurteile und zum besseren Verständnis der Völker, zur „entente cordiale entre l'Allemagne et la France" beizutragen (B 6/1, 542). Und auch die Verfahrensweise blieb dieselbe, die Heine im Artikel VI der ‚Französischen Zustände' vom 19. April 1832 umrissen hatte: „Nicht den Werkstätten der Parteien will ich ihren banalen Maßstab entborgen, um Menschen und Dinge damit zu messen, noch viel weniger will ich Wert und Größe derselben nach träumenden Privatgefühlen bestimmen, sondern ich will so viel als möglich parteilos das Verständnis der Gegenwart befördern, und den Schlüssel der lärmenden Tagesrätsel zunächst in der Vergangenheit suchen." (B 3, 164)

In drei großen Folgen erschienen im Laufe des Jahres 1834 in einer der besten Kulturzeitschriften Frankreichs, wenn nicht gar Europas, in der noch heute existierenden ‚Revue des deux mondes' die Artikel ‚De l'Allemagne depuis Luther', deren deutsche Ausgabe Heine unter dem Titel ‚Zur Geschichte der Religion und Philosophie in Deutschland' fast gleichzeitig vorbereitete, die dann jedoch erst im Februar 1835 im zweiten Band des ‚Salon' erscheinen konnte: so stark zensuriert, daß Heines politische Vorstellungen kaum noch erkennbar waren; erst die zweite Auflage von 1852 konnte das durch eine neuhinzukommende Vorrede richtigstellen. Dem Überblick über die Entwicklung der deutschen Literatur trat hier eine auf intensivem Quellenstudium basierende Arbeit über die Entwicklung des deutschen Denkens an die Seite, die von Luther und der Reformation über den Humanismus und die Aufklärung bis zu Kant, Fichte, Schelling und Hegel reichte.

Auch wenn Hegel in dieser Darstellung eindeutig zu kurz behandelt wird, so ist doch viel von dessen Geschichtsauffassung in Heines Werk eingeflossen. Die Geschichte der Philosophie wird verstanden als Befreiung vom Dogma – deshalb kommt auch Lessing als Philosophen besondere Bedeutung zu – und als geistige Revolution, der die Revolution der Tat, die politische Revolution zwangsläufig folgen müsse, wie es die berühmte, in der ‚Salon'-Ausgabe dann gestrichene Schlußpassage prophezeit. Heines pathetische Vision, die Anfang 1835 von der von Jakob Venedey in Paris herausgegebenen Zeitschrift ‚Der Geächtete' vorabgedruckt worden war und die in der Folgezeit den verschiedensten Interpretationen unterworfen wurde, gehört auch deshalb zu den eindrucksvollsten Abschnitten des Werkes, weil sie auf eine für Heine charakteristische Weise die Begeisterung für die Revolution verbindet mit dem geheimen Schauder vor den realen Folgen einer solchen Umwälzung: „Mich dünkt, ein methodisches Volk wie wir, mußte mit der Reformation beginnen, konnte erst hierauf sich mit der Philosophie beschäftigen, und durfte nur nach deren Vollendung zur politischen Revolution übergehen. (...) Lächelt nicht über den Phantasten, der im Reiche der Erscheinungen dieselbe Revolution erwartet, die im Gebiete des Geistes stattgefunden. Der Gedanke geht der Tat voraus, wie der Blitz dem Donner. Der deutsche Donner ist freilich auch ein Deutscher und ist nicht sehr gelenkig, und kommt etwas langsam herangerollt; aber kommen wird er, und wenn Ihr es einst krachen hört, wie es noch niemals in der

Weltgeschichte gekracht hat, so wißt: der deutsche Donner hat endlich sein Ziel erreicht. Bei diesem Geräusche werden die Adler aus der Luft tot niederfallen, und die Löwen in der fernsten Wüste Afrikas werden die Schwänze einkneifen, und sich in ihren königlichen Höhlen verkriechen. Es wird ein Stück aufgeführt werden in Deutschland, wogegen die französische Revolution nur wie eine harmlose Idylle erscheinen möchte." (B 3, 638 ff.)

Das erste Buch beschäftigt sich mit der Deutung Luthers – „nicht bloß der größte, sondern auch der deutscheste Mann unserer Geschichte" (B 3, 538) – und der Reformation: „da beginnt ein neues Zeitalter in Deutschland" (B 3, 539), ein Zeitalter der Denkfreiheit, der „religiöse(n) Demokrazien", das die Vernunft „als oberste Richterin in allen religiösen Streitfragen anerkennt." (B 3, 540 f.) Das zweite Buch bietet einen breitangelegten Überblick über die philosophische Revolution, der bei Descartes beginnt, Spinoza besonders hervorhebt und mit einer Lobeshymne auf Lessing, „den Fortsetzer des Luther", den Propheten, „der aus dem zweiten Testamente ins dritte hinüberdeutete" (B 3, 589), endet. Das dritte Buch deutet Kant und sein Hauptwerk, die ‚Kritik der reinen Vernunft' in vorsichtig differenzierender Analogie zu Robespierres Bedeutung: „Dieses Buch ist das Schwert, womit der Deismus hingerichtet worden in Deutschland." (B 3, 594) Über die Auseinandersetzung mit dem extremen Idealismus Fichtes, dem Heine jede gesellschaftliche Bedeutung abspricht, und der Natur- und Identitätsphilosophie Schellings – nur in der ersteren nimmt Heine revolutionäre Ansätze wahr; als ganzes wird das zum Teil recht polemisch angelegte Porträt der Leistung Schellings, wie Manfred Frank nachgewiesen hat, nicht gerecht – rückt Heines Darstellung schließlich bis zu Hegel vor, „der größte Philosoph, den Deutschland seit Leibniz erzeugt hat." (B 3, 633), ohne daß er sich inhaltlich mit dessen Philosophie auseinandersetzt. Es bleibt bei der in sich nicht widerspruchsfreien Feststellung: „Hegel aber ließ sich krönen zu Berlin, leider auch ein bißchen salben, und beherrschte seitdem die deutsche Philosophie.

Unsere philosophische Revolution ist beendigt. Hegel hat ihren großen Kreis geschlossen.“ (B 3, 636)

Die offensichtliche Leerstelle soll nicht nur auf den nun als notwendig angesehenen Übergang zur Praxis, zur „politischen Revolution“ verweisen, sie ist zugleich Zeugnis für Heines lebenslange, widerspruchsreiche Auseinandersetzung mit dem Philosophen, der an verschiedenen Stellen von Heines Werk ähnlich unterschiedliche Beurteilungen erfährt wie Goethe. Heines in der ‚Reise von München nach Genua‘ angesichts des Schlachtfeldes von Marengo – das Heine wahrscheinlich nicht betreten hat – aufgeworfene, rhetorisch zu verstehende Frage „Ist das Leben des Individuums nicht vielleicht eben so viel wert wie das des ganzen Geschlechtes? Denn jeder einzelne Mensch ist schon eine Welt, die mit ihm geboren wird und mit ihm stirbt, unter jedem Grabstein liegt eine Weltgeschichte –“ (B 2, 378) zeugt von seinem Vorbehalt einer Geschichtsphilosophie gegenüber, die das Subjekt in ein Epochensystem zwängt, und markiert als mehr soziales und weniger metaphysisches Interesse an der philosophischen Entwicklung seiner Zeit den entscheidenden Differenzpunkt zu Hegels Philosophie der Geschichte, der er immer wieder ein entschiedenes Plädoyer für die souveränen Rechte des Individuums entgegenstellt; „daß die Gegenwart ihren Wert behalte, und daß sie nicht bloß als Mittel gelte, und die Zukunft ihr Zweck sei“, wie es der Text ‚Verschiedene Geschichtsauffassung‘ nachdrücklich postuliert (B 3, 22).

Heines Philosophiegeschichte eigener Art spiegelt wohl am auffälligsten seine intensive Auseinandersetzung mit den saint-simonistischen Ideen. Das Buch, das in der ersten Auflage Prosper Enfantin gewidmet war, entfaltet die saint-simonistischen Grundvorstellungen, die leitmotivartig auch in späteren Werken Heines wiederkehren, als Heine längst in Distanz zur Kirche des „Père suprême“ getreten ist. So nehmen die ‚Briefe über Deutschland‘ aus dem Jahre 1844 ausdrücklich Bezug auf das frühere Werk und zitieren wörtlich dessen enthusiastisches Glaubensbekenntnis, wenn sie gleichsam als Fortsetzung der philosophiegeschichtlichen Studie die inzwischen eingetretene Entwicklung kritisch reflektieren: „Der Kommunismus ist eine natürliche Folge dieser veränderten Weltanschauung, und er verbreitet sich über ganz Deutschland. Es ist eine ebenso natürliche Erscheinung, daß die Proletarier in ihrem Ankampf gegen das Bestehende die fortgeschrittensten Geister, die Philosophen der großen Schule, als Führer besitzen; diese gehen über von der Doktrin zur Tat, dem letzten Zweck alles Denkens, und formulieren das Programm. Wie lautet es? Ich hab es längst geträumt und ausgesprochen in den Worten: ‚Wir wollen keine Sanskülotten sein, keine frugale Bürger, keine wohlfeile Präsidenten; wir stiften eine Demokratie gleichherrlicher, gleichheiliger, gleichbeseligter Götter. Ihr verlangt einfache Trachten, enthaltsame Sitten und ungewürzte Genüsse; wir hingegen verlangen Nektar und Ambrosia, Purpurmäntel, kostbare Wohlgerüche, Wollust und Pracht, lachenden Nymphentanz, Musik und Komödien.' Diese Worte stehen in meinem Buche ‚De l'Allemagne', wo ich bestimmt vorausgesagt habe, daß die politische Revolution der Deutschen aus jener Philosophie hervorgehen wird, deren Systeme man so oft als eitel Scholastik verschrien." (B 5, 198; vgl. B 3, 570)

Mit Recht nimmt Heine hier in Anspruch, nicht nur die Entwicklung, ihre inzwischen sichtbar gewordene Radikalisierung richtig vorausgesehen, sondern auch selbst mit zu ihrer Voraussetzung, „dem Umsturz der alten Glaubensdoktrinen", der „Vernichtung des Glaubens an den Himmel" (B 5, 197) beigetragen zu haben. Indem er mit seiner Geschichtskonzeption den idealistischen Diskurs der hegelschen Geistphilosophie sprengt, schafft er die Grundlage für das junghegelianische Denken, wie es die jüngere Heine-Forschung (Lukács, Windfuhr, Bollacher u.a.) herausgearbeitet hat: „Der Junghegelianismus beginnt mit Heines Philosophiegeschichte." (Höhn, 289) Daß das auch höheren Orts so verstanden wurde, belegt ein Brief Metternichs an den Fürsten Wittgenstein vom Oktober 1835, nachdem in Österreich bereits das höchste Verbot „damnatur" erlassen worden war: „Ich empfehle Ihnen dieses Werk, weil es die Quintessenz der Absichten und Hoffnungen der Bagage mit der wir uns beschäftigen, enthält. Zugleich ist das Heine'sche Produkt ein wahres Meisterwerk in Beziehung auf Styl und Darstellung. Heine ist der größte Kopf unter den Verschworenen" (DHA 8/2, 554).

3. Das ‚Börne'-Buch

Ludwig Börne, am 6. Mai 1786 in der Frankfurter Judengasse geboren und am 18. Februar 1837, sechs Tage nach seinem Tod, unter großer Anteilnahme der Bevölkerung, vor allem aber seiner Anhänger auf dem Friedhof Père Lachaise zu Grabe getragen – Heine wohnte der Beisetzung nicht bei –, war elf Jahre älter als Heine. Börne hatte früh eine vielfältige publizistische Tätigkeit entfaltet und war schon 1830 endgültig vor den drohenden Verfolgungen nach Paris ausgewichen, von wo aus er als radikaldemokratischer Republikaner den deutschen Fürsten in seinen berühmten ‚Pariser Briefen' einen unerbittlichen Kampf lieferte. Wirkung und Nachhall der ‚Briefe' waren groß, denn Börne schrieb witzig, ironisch, bissig und war zweifellos einer der begabtesten Publizisten jener Jahre. Er war der erste gewesen, der eine gesellschaftspolitische Wertung in die Theater- und Literaturkritik eingeführt hatte, – ein Weg, auf dem ihm Heine, der ihn nach seinem frühen Besuch 1815 auch 1827 auf der Durchreise in Frankfurt aufgesucht hatte, mit seinen Berichten über die Pariser Salons und die französische Bühne in den 30er Jahren folgte. Dennoch war spätestens seit 1833 zunächst eine Distanzierung, schließlich eine offene Gegnerschaft zwischen den beiden Männern wahrzunehmen: Börne hatte sie in den ‚Briefen aus Paris' offen artikuliert, Heine hatte sich zurückgehalten, wenn man vom emblematisch verdichteten Schlußbild von ‚Aus den Memoiren des Herren von Schnabelewopski' absieht, in dem Heine mit der Gestalt des nazarenerhaften „kleinen Simson" allegorisch die katastrophalen Folgen eines illusorischen politischen Bewußtseins, das den Realitäten keine Rechnung trägt, zu demonstrieren versuchte: „Bei dieser Stelle öffnete der kleine Simson seine Augen geisterhaft weit; hob sich krampfhaft in die Höhe; ergriff, mit seinen dünnen Ärmchen, die beiden Säulen, die zu Füßen seines Bettes; rüttelte daran, während er zornig stammelte: Es sterbe meine Seele mit den Philistern. Aber die starken Bettsäulen blieben unbeweglich, ermattet und wehmütig lächelnd fiel der Kleine zurück auf seine Kissen, und aus seiner Wunde, deren Verband sich verschoben, quoll ein roter Blutstrom." (B 1, 555f.)

Daß Heine sofort nach seiner Ankunft in Paris in die Nationalbibliothek ging, um sich eine Handschrift des Nibelungen-Liedes anzusehen, daß er aber vier Monate verstreichen ließ, bevor er Börne, das unbestrittene Haupt der Pariser Exilrepublikaner, besuchte, ist mehr als ein anekdotisches Detail. Es zeigt vielmehr überdeutlich, was die beiden in vielem so ähnlichen Männer trennte, die sich schon in der Beurteilung Goethes nicht einig gewesen waren. Im Pariser Exil neigte Börne immer mehr zu radikalen jakobinischen Parolen und verband die vereinfachten politischen Auffassungen eines Marat mit einem spezifischen ästhetischen „Sansküllottismus des Gedankens und des Ausdrucks" (B 4, 66f.): beides mußte Heine, der alles andere als ein radikaler „Enragé" war, abstoßen.

Während Börne seit 1822 immer wieder für längere Zeit in Paris gewesen war und sich den deutschen Verhältnissen früher entfremdet hatte, erkannte Heine aufgrund seines längeren Aufenthaltes in Deutschland besser die Unterschiede der gesellschaftspolitischen Situation im vorrevolutionären Frankreich und im Deutschland der 30er und 40er Jahre. Früh erfaßte er die Gefahr einer blinden Imitation der französischen Revolutionsideen, durch die nach Ansicht Börnes und seiner Freunde der Umsturz der politischen Verhältnisse in Deutschland bewerkstelligt werden sollte. Die persönlichen und sachlichen Gründe – Heines Zurückweichen vor der revolutionären Ungeduld, vor dem republikanischen Radikalismus, der Kinderkrankheit der antifeudalen Opposition – führten zum offenen Bruch, als Heine die Mitarbeit an einem politischen Journal ablehnte.

Börnes Attacke in den ‚Briefen aus Paris', besonders im 4. und im 109. Brief – den letzten druckte Heine in der ‚Börne'-Denkschrift ab (B 4, 132–138) – griff dabei auch persönliche Seiten Heines an und warf ihm Opportunismus und Charakterschwäche vor, ein Vorwurf, den unzählige Heine-Gegner später wiederholen sollten. Er habe sich nie viel um Moral gekümmert, sei ein geborener Aristokrat, „ein geschworener Feind jedes öffentlichen Lebens", „ein zügelloser Sensualist", auch das Argumente, die in der Heine-Rezeption nicht nur des 19. Jahrhunderts immer wieder aufgenommen werden sollten. Heine antwortete zu Lebzeiten des Gegners nicht, verteidigte Börne sogar gegen den Verdacht, vor der Cholera aus Paris geflohen zu sein, machte indes privat aus seiner Abneigung kein Hehl: „Ich betrachte ihn als einen Verrückten." (HSA 21, 57) Präzis benannte er den entscheidenden Unterschied: „Was habe ich mit Börne zu schaffen, *ich* bin ein *Dichter.*" (Werner I, 234) Heines Entsetzen über den von Campe aus marktstrategischen Gründen eigenmächtig gewählten Titel ‚Heinrich Heine über Ludwig Börne', unter dem Heines Denkschrift 1840 zuerst erschien und der ihr, wie Heine voraussah, mehr schaden als nutzen sollte, ist dennoch groß gewesen, denn auch im ‚Börne'-Buch ist die Auseinandersetzung mit dem politischen Gegner nur ein Teil, gewiß der Anlaß, nie jedoch alleiniges Ziel der politischen Bilanz, die Heine zu ziehen gedachte. Da es ihm vor allem darum ging, auch den eigenen Standpunkt genauer zu erkunden, mußte es ihm als verfehlt erscheinen, sich bereits im Titel über den gestellt zu sehen, dem zwar Kritik galt, der aber zugleich auch Anlaß der selbstkritischen Reflexionen war. Der erst von späteren Herausgebern respektierte ursprünglich vorgesehene Titel ‚Ludwig Börne. Eine Denkschrift von H. Heine' verweist mit seinem Untertitel auf die Nähe zu Heines ‚Memoiren'-Projekt und wäre geeignet gewesen, jeden Anflug von Selbstüberhebung, die Gutzkow und andere dem Autor bei Erscheinen des Buches vorwarfen, von vornherein zu dementieren. Die Denkschrift, die Heines politische Ansichten der mittleren Jahre zusammenfaßt, besteht aus fünf Büchern: das erste beschreibt die

Anfänge Börnes als Theaterkritiker und schildert Heines Besuche in Frankfurt in den 20er Jahren; als zweites sind die überarbeiteten ‚Briefe aus Helgoland' aus dem Jahre 1830 eingefügt, die die neue revolutionär-demokratische Position Heines umreißen. Das dritte Buch schildert die ersten Pariser Jahre mit der zunehmenden Entfremdung zwischen den beiden Autoren. Im vierten Buch erörtert Heine Person und Welt Börnes, vor allem die Beziehung zu Jeanette Wohl: diese Passage, die Heine später entfernt sehen wollte, wurde zum Anlaß für das Duell des folgenden Jahres mit Salomon Strauß, dem Frankfurter Bankier und Ehemann von Börnes Freundin, der Heine durch einen Streifschuß an der Hüfte verletzte. Das fünfte, kürzere Buch schließlich resümiert die Gegensätzlichkeiten der poetisch-politischen Konzeptionen unter dem philosophisch-ästhetischen Begriffspaar des Nazarener- und Hellenentums, das Heine schon im ‚Schnabelewopski' verwendet hatte, und schließt mit einem melancholisch gestimmten Loblied auf die hellenistisch-sensualistische Schönheits- und Kunstkonzeption, die Heine allenthalben in Gefahr sieht. Börne selbst kommt in der Denkschrift ausführlich zu Wort: knapp ein Viertel des Textes ist wörtliches Zitat aus Börnes Schriften.

Zweifellos hat Heine die Wirkung des Buches auch unabhängig von der mißverständlichen Überschrift falsch eingeschätzt. Er war schon lange vor der Denkschrift in den Ruf der Frivolität, der Französelei geraten, was von einschlägigen Kreisen gegen Börnes Sittlichkeit und gegen seinen Patriotismus ausgespielt wurde. Erst in jüngster Zeit hat man die eigentliche Qualität des Werkes erkannt, in dem der produktive Einsatz der Subjektivität nicht psychologisch oder gar narzistisch begründet ist, sondern historisch und funktional verwendet wird. Nirgendwo sonst nimmt Heine so offen die Zweifel an sich selbst in sein Werk hinein wie hier, nirgendwo sonst zeigt er sich, durchaus verletztend, zugleich so verletzbar wie in dieser Auseinandersetzung.

Gegen den bei Börne immer wieder wahrzunehmenden Verbalaktionismus, der sich bis zum ausgesprochenen Kriegswunsch steigern konnte, gegen seinen Revolutions-Voluntarismus, der nicht durch reale Veränderungsmöglichkeiten in Deutschland begründet war, sondern allein Börnes exaltiert-phantastischen Vorstellungen entsprang, setzt Heine in der ‚Börne'-Schrift in bezeichnender Mischung von Kritik und Selbstkritik, von Selbst- und Fremdanalyse eine sehr differenzierte Beurteilung der politischen Situation, insbesondere der Ereignisse des Jahres 1830: „Nicht für sich, seit undenklicher Zeit, nicht für sich hat das Volk geblutet und gelitten, sondern für andre. Im Juli 1830 erfocht es den Sieg für jene Bourgeoisie, die eben so wenig taugt wie jene Noblesse an deren Stelle sie trat, mit demselben Egoismus ... Das Volk hat nichts gewonnen durch seinen Sieg, als Reue und größere Not." (B 4, 60)

Damit wird der große Enthusiasmus, der Heine 1830 erfüllte, im Rückblick des Jahres 1839, als der Autor die ‚Briefe aus Helgoland' überarbeitet, entscheidend relativiert, ja durch die inzwischen eingetretenen Entwicklungen nachträglich geradezu desavouiert. Diese Selbstkritik, die bewußt der Kritik an Börne an die Seite gestellt ist, verweist im ständigen kontrastharmonischen Spiel von Porträt und Selbstporträt, von Bild und Gegenbild zugleich auf den entscheidenden, von Börne oft übersehenen Gesichtspunkt, daß die Hoffnung auf die Revolution identisch ist mit der Hoffnung, im Bewußtsein der Menschen könne und müsse eine Veränderung eintreten, ohne die jede Revolution letztlich zum Scheitern verurteilt sei, wie die Heinesche Selbstkritik der ‚Briefe' zeigt.

Gleichzeitig kritisiert Heine Börnes radikaldemokratische Tendenz zur Gleichmacherei, in der er nicht zu Unrecht nazarenische, asketische Auffassungen zu erkennen meinte, wie sie den frühkommunistischen Bewegungen eigentümlich gewesen waren. Heines Spottwort vom „Sanskülottismus des Gedankens und des Ausdrucks" (B 4, 66f.) verweist darauf, daß er hier vor allem den Kunstanspruch zugunsten einer einseitig politisch verstandenen Emanzipation bedroht sah. Deshalb die unnachsichtige Kritik, die auf der Berechtigung auch von Schönheit und Kunst neben jener Notwendigkeit von Kampf und Politik insistiert: „Denkt Euch meinen Schreck, als ich in Paris der (. . .) Volksversammlung beiwohnte, fand ich sämtliche Vaterlandsretter mit Takabspfeifen im Maule, und der ganze Saal war so erfüllt von schlechtem Knasterqualm, daß er mir gleich auf die Brust schlug und es mir platterdings unmöglich gewesen wäre, ein Wort zu reden . . . Ich kann den Tabaksqualm nicht vertragen, und ich merkte, daß in einer deutschen Revolution die Rolle eines Großsprechers in der Weise Börnes & Konsorten nicht für mich paßte. Ich merkte überhaupt, daß die deutsche Tribunalkarriere nicht eben mit Rosen, und am allerwenigsten mit reinlichen Rosen bedeckt." (B 4, 75)

Das Rosenbild zieht sich durch Heines gesamtes Werk und verweist stellvertretend auf den eigenständigen Anspruch von Schönheit und Kunst, den Heine dem Revolutionsanspruch nicht unterordnen will. Das hat man als Geistesaristokratismus verstanden und angegriffen, zumal Heine aus seiner Ablehnung des Kontakts mit den Volksmassen, ohne die auch nach seiner Meinung eine Revolution nicht zu bewerkstelligen war, kein Hehl machte: „Man muß in wirklichen Revolutionszeiten das Volk mit eignen Augen gesehen, mit eigner Nase gerochen haben, man muß mit eignen Ohren anhören, wie dieser souveräne Rattenkönig sich ausspricht, um zu begreifen, was Mirabeau andeuten will mit den Worten: ‚Man macht keine Revolution mit Lavendelöl.'" (B 4, 75)

Rosen und Revolution – die Verbindung ist der klarste Ausdruck von Heines ästhetischer, dichterischer Grundanschauung, die ihm zum Maßstab aller Veränderungen, gerade auch der revolutionären wird. Und unter diesem Aspekt erscheint ihm der puritanische Asket Börne, der sich für die Revolution verzehrt, dem alles Sinnliche, alles Sensuelle abgeht, als eine traurige Karikatur, aber auch als ein Gegner, vor dessen nazarenerhafter, fanatisch-revolutionärer Zukunftsvorstellung dem Liebhaber von Rosen und Zuckererbsen, dem Verfasser der Mädchenbilder der ‚Neuen Gedichte' graut. „Es gibt im Grunde nur zwei Menschensorten, die mageren und die fetten, oder vielmehr Menschen, die immer dünner werden, und solche, die aus schmächtigen Anfängen allmählig zur ründlichsten Korpulenz übergehen. Die ersteren sind eben die gefährliche Sorte, die Cäsar so sehr fürchtete – ich wollte, er wäre fetter, sagte er von Cassius." (B 4, 33 f.)

Das ist auch der eigentliche Hintergrund jener Debatte um Talent und Charakter, auf die Heine mit einem Auszug aus Börnes ‚Briefen aus Paris' im fünften Buch ausführlich eingeht. Charakter wird seiner Meinung nach im öffentlichen Bewußtsein denjenigen zugesprochen, die ohne jeden Zweifel an sich und ihrer Haltung „gleichsam ihr Lebensprogramm in populärer Sprache ein für allemal auf öffentlichem Markte proklamiert haben" und für alle sichtbar unverrückbar daran festhalten: das Publikum „freut sich dabei über seine eigene Intelligenz, wie bei einer aufgelösten Charade, und jubelt: seht, das ist ein Charakter!" (B 4, 130) Gegen ein solch starres, beständig zur Verknöcherung neigendes Lebensprogramm setzt Heine bewußt den subjektiven, immer auch wechselnden, seiner selbst nie ganz gewissen Standpunkt als wichtigstes Element seines Werkes. Dessen Kunstcharakter kehrt mit Absicht die subjektive Haltung hervor, auch damit sie angreifbar werde, damit ihr widersprochen werden könne, um auf diese Weise beim Leser das selbständige Denken anzuregen und so die wichtigste Voraussetzung jeder Revolution zu schaffen: „dieses beständige Konstatieren meiner Persönlichkeit (ist) das geeignetste Mittel, ein Selbsturteil des Leser zu fördern (...)." (B 4, 128)

Aus diesem Grunde kommt man bei der Lektüre des ‚Börne'-Buches auch nicht umhin, den Respekt zu sehen, den Heine der Börneschen Standhaftigkeit, seinem Patriotismus, seiner Liebe zum einfachen Volk – von Heine aus den zitierten Gründen am schwersten nachzuvollziehen – denn doch zollt, allem fragwürdigen moralischen Rigorismus Börnes, aller verspotteten Verleugnung der Sinnlichkeit zum Trotz. Dem Leser wird auf diese Weise die Möglichkeit geboten, die Meinung des Autors kritisch zu relativieren, gegen das Börnesche Eintreten für die soziale Emanzipation abzuwägen. Damit hat Heine dem toten Gegner eine Waffe belassen, die sich im Verlauf der Wirkungs- und Rezeptionsgeschichte des Werkes als schärfer erweisen sollte, als es Börnes eigene, gegen Heine gewendeten Waffen zu Lebzeiten gewesen waren.

Am Ende des vierten Buches der ‚Börne'-Denkschrift findet sich die Erzählung vom gefesselten Messias im Himmel, der ohne die Fessel, „wenn er manchmal die Geduld verliert, plötzlich herabeilen und zu frühe, zur unrechten Stunde, das Erlösungswerk unternehmen" möchte: „Wenn er aber hört, wie man unten sein Volk mißhandelt, dann gerät er in den furchtbarsten Zorn und heult, daß die Himmel erzittern ... Die vier starken Staatsräte müssen dann den Ergrimmten zurückhalten, daß er nicht herabeile auf die Erde, und sie würden ihn wahrlich nicht bewältigen, wären seine Hände nicht gefesselt mit den goldenen Ketten ... Man beschwichtigt ihn auch mit sanften Reden, daß jetzt die Zeit noch nicht gekommen sei, die rechte Rettungsstunde, und er sinkt am Ende aufs Lager und verhüllt sein Antlitz und weint ..." (B 4, 120f.)

Heines Erzählung, die er angeblich vom „großen Rabbi Manasse ben Naphtali zu Krakau" gehört hat, ist das Gegenbild zum Bericht vom Tod des kleinen Simson am Ende des ‚Schnabelewopski' und dialektisch auf diesen zu beziehen. Bleibt Simson mit den Banden der Religion ans Krankenlager gefesselt, kann er sich nicht befreien noch gar die Welt, weil sein Glaube die falschen Maßstäbe für die Beurteilung der Zeit bereitstellt, er folglich die eigene Situation falsch einschätzt und die Gesellschaft gar nicht erschüttern kann, so bleibt der gefesselte Messias als Allegorie der Revolution, die nach Heines Worten „nicht bloß Israel (...), sondern die ganze leidende Menschheit" erlösen soll (B 4, 121), an die objektiven Bedingungen der Zeit gefesselt. Die Revolution kann nicht verfrüht ins Werk gesetzt werden, soll sie nicht in tragischem Fiasko enden, wie es das Schlußbild des ‚Schnabelewopski' zeichnet. „O, zerreißt nicht, Ihr goldenen Ketten! O, haltet ihn noch einige Zeit gefesselt, daß er nicht zu frühe komme, der rettende König der Welt!" (B 4, 121) Die verzweifelten Tränen des rettenden Königs angesichts des trostlosen Zustands der Welt vermischen sich mit dem Blutstrom, in dem Simson stirbt, als Ausdruck einer höheren Solidarität, die die beiden so verschiedenen Gegner Heine und Börne trotz allem verbindet; zugleich bezeichnen sie exakt den Unterschied zwischen dem tragisch verfrühten Revolutionär, wie ihn die Geschichte immer wieder gekannt hat, und der Tragik des Revolutionärs, der weiß, daß es noch zu früh ist.

Gedankengänge dieser Art überforderten jedoch zweifellos das Publikum der damaligen Zeit, das wie die öffentliche Kritik in der überwiegenden Mehrheit Heines Werk ablehnte. Zur publizistischen Ablehnung kam das wirtschaftliche Fiasko: 1841 konnten nur 30 bis 40 Exemplare der Schrift abgesetzt werden. Unter denen, die sich auf Heines Seite schlugen, war neben dem jungen Lassalle auch Richard Wagner: rühmliche Ausnahmen in einer Kampagne, die mit der Veröffentlichung einer Anti-Heine-Schrift durch Jeanette Wohl und Maximilian Reinganum im Oktober 1840 ‚Ludwig Börne's Urtheil über H. Heine' ihre Fortsetzung erfuhr und Heines Ruf in Deutschland auf lange Zeit nachhaltig belastete. Erst unser Jahrhundert ist dem Buch, vor allem seinem subjektiven Ansatz gerechter geworden und hat damit das Urteil korrigieren können, das Marx in einem Brief an Heine vom 5. April 1846 über die zeitgenössische Rezeption gefällt hat: „Eine tölpelhaftere Behandlung als dies Buch von den christlich-germanischen Eseln erfahren hat, ist kaum in irgend einer Literaturperiode aufzuweisen" (B 4, 696 f.).

IV. Küsse, Spott und Trommelschläge

1. ‚Neue Gedichte‘

Siebzehn Jahre nach der Veröffentlichung des ‚Buchs der Lieder‘ erschien 1844 eine zweite Lyriksammlung Heines, die ‚Neuen Gedichte‘, die die Gedichte der 30er Jahre in den Abteilungen ‚Neuer Frühling‘ und ‚Verschiedene‘ und die politische Lyrik der frühen 40er Jahre unter dem Titel ‚Zeitgedichte‘ zusammenfaßten. Zahlreiche Gedichte der ersten Abteilung wie „Leise zieht durch mein Gemüt“ oder „Im Anfang war die Nachtigall“ (B 4, 301 f.) teilten dabei das Schicksal vieler Gedichte des ‚Buchs der Lieder‘: auch sie sind zum großen Teil zu Lieblingsliedern eines politisch unverbindlichen, bürgerlichen Heine-Kults geworden und zwar aufgrund der ihnen eigenen, übermäßig großen „Dosis von Rosen-, Mondschein- und Nachtigallenfrikassee“, wie Heine selbstkritisch in einem Vorredenentwurf zur französischen Ausgabe vermerkte. (B 6/1, 522)

Der heutige Leser wird sich davon kaum täuschen lassen und das ‚Prolog‘ überschriebene Eingangsgedicht als Leseanweisung auch schon für die ersten Abteilungen lesen, wonach die Zeit für Liebes- und Naturlyrik eigentlich vorbei sei:

So, in holden Hindernissen,
Wind ich mich in Lust und Leid,
Während Andre kämpfen müssen
In dem großen Kampf der Zeit. (B 4, 298)

Unter diesem Gesichtspunkt bilden die Gedichte des achtstufig angelegten Zyklus ‚Neuer Frühling‘ und des folgenden, nicht minder bewußt komponierten Zyklus ‚Verschiedene‘ gerade in ihrer scheinbaren Ferne von jenem Kampf, in den der Ritter des ‚Prologs‘ – Heine verwendet erneut das Don Quixotte-Motiv, das sein ganzes Werk durchzieht – mit Schild und Lanze ziehen möchte, die schönere, sensualistische Flanke im breit angelegten Kampf gegen die alten Vorurteile, gegen die überholten Verhältnisse, gegen die morschen Schranken der Gesellschaft, gegen die sein Werk insgesamt aufbegehrt. Chiffren der Utopie auch sie, wo die Kritiker nur „Poesie der Hurerei" (Lassalle) oder „Bordelladressen" (Ruge) sahen: mit Grisettennamen wie ‚Seraphine', ‚Clarisse', ‚Angélique' etc. überschriebene Verse, die Heines Liebeserlebnisse aus ganz verschiedenen Zeiten und Orten zu fiktiven Kunstfiguren bündelten. Schockierend war, daß jetzt zum erstenmal die Außenseiterinnen der Gesellschaft gleichsam literaturfähig wurden. Daß Heine auch hier voranschritt, seinen frühen eindrucksvollen Seebildern nun erste typisierende Großstadtbilder an die Seite stellte, verstieß bewußt gegen die Moral des „Juste Milieu" und hat die Veröffentlichung dieser Zyklen um mehrere Jahre verzögert.

Gegen das christliche Lehrgebäude der Entsagung und der Sünde setzt Heine frisch die Verkündigung des diesseitigen Glücks, noch immer vom Sensualismus der saint-simonistischen Weltanschauung durchdrungen. Endgültig scheint die alte, den Nazarenern angelastete Zweiteilung von Körper und Geist überwunden:

Vernichtet ist das Zweierlei,
Das uns so lang betöret,
Die dumme Leiberquälerei
Hat endlich aufgehöret.

(...)

Der heilge Gott der ist im Licht
Wie in den Finsternissen;
Und Gott ist alles was da ist;
Er ist in unsern Küssen. (B 4, 325)

Heines persönlicher Pantheismus greift über auf die Emanzipation des Fleisches als einem Hauptmoment der Emanzipation insgesamt. Wie revolutionär das in der damaligen Zeit war, zeigte das Vorgehen der Zensurbehörden gegen die jungdeutsche Literatur aus Anlaß von Gutzkows ähnlich angelegtem Roman ‚Wally die Zweiflerin' 1835. Die Revolution in Heines Versen war Teil – und nicht der unbedeutendste – der erstrebten allgemeinen Umwälzung:

Wenn ich, beseligt von schönen Küssen,
In deinen Armen mich wohl befinde,
Dann mußt du mir nie von Deutschland reden; –
Ich kanns nicht vertragen – es hat seine Gründe. (B 4, 331)

Auf diese Weise reden die Gedichte denn eben doch von Deutschland gerade, wenn sie vorgeben, darüber schweigen zu wollen. Dafür bietet das letzte Gedicht ‚In der Fremde', das den Zyklus ‚Verschiedene' beschließt, ein schönes Beispiel, weil es deutlich macht, wie in Heines Poesie nicht nur dieser Jahre Liebesdichtung und politische Dichtung verschränkt sind:

Ich hatte einst ein schönes Vaterland.
Der Eichenbaum
Wuchs dort so hoch, die Veilchen nickten sanft.
Es war ein Traum.

Das küßte mich auf deutsch, und sprach auf deutsch
(Man glaubt es kaum
Wie gut es klang) das Wort: ‚ich liebe dich!'
Es war ein Traum. (B 4, 370)

Wie hier wird man zahlreiche Gedichte der ersten beiden Zyklen der ‚Neuen Gedichte' als Rollengedichte verstehen müssen, für die es in der Literaturgeschichte noch kein Vorbild gab. Sind die meisten der Heineschen Frauenbilder madonnenhafte Präfigurationen des Ideals, so haben auch die Grisettenbilder eine über sie auf die allgemeine Emanzipation hinausweisende Funktion. Und wenn Heine tatsächlich einmal die dem Sprecher des Gedichts überlassenen „schönen Gliedermassen/Kolossaler Weiblichkeit" besingt, als handele es sich um Realität und nicht um ein Gedicht (B 4, 335), so bleibt der von der Forschung am ‚Buch der Lieder' herausgearbeitete petrarkistische Bezugsrahmen, freilich in seiner späteren sensualistischen, von Hofmannswaldau vertretenen Variante stets präsent. Das Gedicht versinkt wie das lyrische Ich, das in ihm zu Wort kommt, im nicht mehr Benennbaren – und verweist den Leser zurück auf seine Phantasie, auf seine Vorstellungskraft:

> Eh ich ihr mich anvertrau,
> Gott empfehl ich meine Seele. (B 4, 335)

Das entspricht der von Heine oft geübten Aussparungstechnik, die den Leser gewissermaßen zum Komplizen des fabulierenden Autors macht, und läßt zugleich die topische Carpe diem-Tradition des Spätbarock erkennen, durch die diese Gedichte von reiner Erlebnisdichtung, wie sie Goethes Liebesgedichte bis ins hohe Alter verkörpern, deutlich unterschieden sind.

Im letzten Zyklus der ‚Neuen Gedichte', der auf die ‚Romanzen' und die Abteilung ‚Zur Ollea' folgt, stimmen schließlich die ‚Zeitgedichte' das politische Lied an. Zuvor schon in verschiedenen Zeitschriften erschienen, knüpfen sie an den ‚Prolog' des Eingangs der Sammlung an und ersetzen konsequent dessen subjektive Perspektive durch den gesellschaftskritischen Bezug, wie er Anfang der 40er Jahre an der Tagesordnung war. Auf dem Hintergrund des mit großen Hoffnungen verbundenen Regierungsantritts von Friedrich Wilhelm IV. in Preußen und einer zur gleichen Zeit gegen Frankreich gerichteten Rheineuphorie war eine Fülle politisch-engagierter Literatur auf dem Markt erschienen: von Dingelstedt (‚Lieder eines kosmopolitischen Nachtwächters', 1841), von Hoffmann von Fallersleben (‚Unpolitische Lieder', 1840), von Herwegh (‚Gedichte eines Lebendigen', 1841), von Freiligrath (‚Ein Glaubensbekenntnis', 1844) u.a. Die meisten dieser Autoren hingen freilich Illusionen an, die sich vor allem im Falle Herweghs, der vom preußischen König in Privataudienz empfangen worden war, rasch zerschlugen. Heine hatte die Entwicklung von vornherein eher skeptisch beurteilt und machte in zahlreichen Gedichten an die politischen Dichter jener Jahre kein Hehl aus seiner Einstellung.

Charakteristisch für seine Haltung und bezeichnend für seine Auffassung vom politischen Dichten ist das Gedicht, das unter der Überschrift ‚Doktrin' den Zyklus einleitet, das eigentliche Motto der Sammlung:

> Schlage die Trommel und fürchte dich nicht,
> Und küsse die Marketenderin!
> Das ist die ganze Wissenschaft,
> Das ist der Bücher tiefster Sinn.
>
> Trommle die Leute aus dem Schlaf,
> Trommle Reveille mit Jugendkraft,
> Marschiere trommelnd immer voran,
> Das ist die ganze Wissenschaft.
>
> Das ist die Hegelsche Philosophie,
> Das ist der Bücher tiefster Sinn!
> Ich hab sie begriffen, weil ich gescheit,
> Und weil ich ein guter Tambour bin. (B 4, 412)

Wußte der Volksmund längst, daß Trommeln zum Geschäft gehört, so machte Heine nun deutlich, daß es auch zum Dichten gehört. Das Bild aus dem ‚Buch Le Grand' wird wieder aufgenommen, aber nicht zu überhören ist, daß der Trommelschlag von besonderer Natur ist: es kommt nicht allein darauf an, zu trommeln; es gilt auch, gut zu trommeln. Insofern nehmen diese Gedichte das im ‚Börne'-Buch behandelte Thema wieder auf und begründen die Selbstbestimmung des politischen Dichters, der nach Heine über aller Politik nie die Dichtung aus dem Auge verlieren darf. Im doppelten Selbstzuspruch des Gedichtschlusses wird dabei durchaus der Zweifel, die Skepsis laut, ob das denn tatsächlich schon erreicht sei, ob der Dichter-Tambour der selbstgestellten Aufgabe wirklich schon gerecht geworden sei, man ihn also mit Recht einen guten Tambour nennen könne. Selbstkritisch wie stets hat Heine weder an dieser noch an anderer Stelle diese Frage eindeutig beantwortet; was wir vorfinden sind Formen des aufmunternden Selbstzuspruchs bzw. der voluntativen Selbstbestimmung.

Das auf diese Weise im Gedicht skizzierte Programm, in dem man unschwer das Thema des Sensualismus, also den saint-simonistischen Aspekt, das Thema der Politik als einer Folge der hegelianischen Theorie und das Thema der künstlerischen Qualität, wie es Heine gegenrhythmisch zur herrschenden Tendenz in dieser Zeit immer stärker betont, ausmachen kann, begründet Heines literaturpolitisches Wirken in den 40er Jahren. Es grenzt Heines Dichtung klar ab gegen alle anderen Programme oder Werke, die auf eines dieser Themen verzichten zu können glaubten, trägt allerdings auch dazu bei, daß Heines zweite große Gedichtsammlung nicht die Geschlossenheit des ‚Buchs der Lieder' bzw. des späteren ‚Romanzero' erreichte.

Im Unterschied zu den meisten der sogenannten „Tendenzpoeten" reflektiert Heine in seiner politischen Dichtung zugleich deren Wirkung. Beispielhaft dafür ist das programmatische Gedicht ‚Die Tendenz' aus dem Jahre 1842. Während der Titel explizit Bezug nimmt auf die vorherrschende literarische Richtung, verbleibt der Schluß erneut in einer an die ‚Doktrin' erinnernden Doppeldeutigkeit. Nachdem die ersten Strophen die verschiedenen Formen dichterischen Eingreifens in die Zeit geschildert haben, endet das Gedicht folgendermaßen:

> Blase, schmettre, donnre täglich,
> Bis der letzte Dränger flieht -
> Singe nur in dieser Richtung,
> Aber halte deine Dichtung
> Nur so allgemein als möglich. (B 4, 423)

Ironie wird hier von Heine im dialektischen Sinne benutzt, indem die beiden Interpretationsmöglichkeiten, die positive, die die Schlußwendung als ernstgemeinte Schreibanweisung gelten läßt, und die negative, die darin gerade die schärfste Verurteilung der völlig im Allgemeinen verharrenden Tendenzpoesie jener Jahre sieht, gleichermaßen im Gedicht enthalten zu sein scheinen. Erneut wird von Heine an den kritischen Leser appelliert, beide Interpretationsmöglichkeiten gegeneinander abzuwägen, selber Stellung zu beziehen und auf diese Weise die angemessenste Wirkungsmöglichkeit politischer Dichtung zu überdenken. Das Gedicht trägt dem auf vorbildliche Weise Rechnung, weil es einerseits unmittelbar zu aktuellen Problemen, eben dem Streit über die politische Dichtung, Stellung nimmt, andererseits aufgrund seiner interpretatorischen Offenheit zugleich mühelos die Zeit, in der es entstand, zu überdauern vermag: das aufgeworfene Problem hat bis in unsere Tage die unterschiedlichsten Antworten herausgefordert. Dabei ist die Nähe zu Brechts Theorie des Lehrstücks kaum zu übersehen. Wie dessen politische Dichtung wendet sich Heines politisches Gedicht bewußt an den mündigen Leser und unterläuft seine zunehmende Fremdbestimmung, indem es ihm permanent eine Entscheidungsfreiheit oktroyiert, die außerhalb der Dichtung so kaum noch existiert: hier wie dort dient ästhetische Sensibilisierung der Einübung eines politischen Verhaltens.

Diesem aufklärerischen Zweck folgen zahlreiche Zeitgedichte, vor allem jene, die sich direkt auf das damals vorherrschende Freiheitspathos beziehen. Mit den Mitteln der Parodie legt Heine die Hohlheit vieler Freiheitsphrasen bloß, decouvriert er den durchaus kleinbürgerlich-beschränkten Freiheitsbegriff:

Der Knecht singt gern ein Freiheitslied
Des Abends in der Schenke:
Das fördert die Verdauungskraft
Und würzet die Getränke. (B 4, 485)

Ganz in diesem Sinne hat Heine im Dezember 1841 Georg Herwegh ein Gedicht zugeeignet – und ihm auch persönlich überreicht–, das exakt das Dilemma der zeitgenössischen literaturpolitischen Szene benennt, indem es die Diskrepanz von poetischen Freiheitshoffnungen und real existierenden gesellschaftspolitischen Verhältnissen kritisch zu bedenken gibt:

(...)

Herwegh, du eiserne Lerche,
Weil du so himmelhoch dich schwingst,
Hast du die Erde aus dem Gesichte
Verloren – Nur in deinem Gedichte
Lebt jener Lenz den du besingst. (B 4, 486)

Heine bleibt jedoch nicht bei solch freundschaftlich-kollegialer Kritik stehen, sondern gibt selbst genügend Beispiele, wie man es seiner Meinung nach besser machen könnte. Dabei kommen ihm erneut die von der Romantik tradierten Bilder zu Hilfe, der volksliedhafte Ton und die historischen Assoziationen, die auch von den Freiheitsdichtern verwendet wurden. Indem Heine aber unüberhörbar all diesen Elementen den Märchenton unterlegt, insistiert er nachdrücklich auf dem Unterschied von Kunst und Gesellschaft, von poetischem Bild und politischer Wirklichkeit. Kaum anders als im gleichzeitig entstandenen ‚Deutschland – Ein Wintermärchen' entbindet dieser Märchenton Kritik an den vorerst rein literarisch bleibenden Revolutionsbildern und hält doch ihren progressiven utopischen Verweisungscharakter für eine fernere Zukunft fest.

So wird noch die subjektive Trauer des ‚Nachtgedanken' überschriebenen Gedichts, das den Zyklus ‚Zeitgedichte' beschließt, in den größeren Kontext der Beziehungen zwischen Deutschland und Frankreich, Vater- und Mutterland, Nacht und Tag, Mutter und Frau, Grab und Morgenlicht als Symbol der Freiheit eingebracht, um aus dem persönlichen Leiden am Zustand der Welt die Hoffnung auf die metaphorisch antizipierte Veränderung zu entbinden und im Bewußtsein des Lesers – als Vorgriff – wachzuhalten:

> Gottlob! durch meine Fenster bricht
> Französisch heitres Tageslicht;
> Es kommt mein Weib, schön wie der Morgen,
> Und lächelt fort die deutschen Sorgen. (B 4, 433)

So überlebt das Gedicht als privates und politisches zugleich und mit ihm die bis zur Französischen Revolution zurückreichende Gattung der Zeitgedichte. Weder poésie pure noch politische Propaganda, versagen es sich Heines Gedichte der 40er Jahre konsequent, die Zerrissenheit und die Gefährdung des Subjekts in einem Programm, auch nicht dem radikaler Opposition aufzuheben bzw. festzuschreiben. Darin besteht der eigentliche Unterschied zur sonstigen politischen Dichtung der Zeit. In der unaufgelösten, nicht auf Emotionalisierung, sondern auf kritische Infragestellung abzielenden Spannung zwischen dem Schlag der Trommel und dem Kuß der

Marketenderin entspringt die spezifische Qualität des Heineschen Zeitgedichts.

2. *'Atta Troll – Ein Sommernachtstraum'*

Das im Frühjahr 1843 zuerst in der von Heinrich Laube redigierten 'Zeitung für die elegante Welt' erschienene, für die Buchausgabe 1847 erheblich erweiterte und umgearbeitete Versepos 'Atta Troll', das der Autor 1841 nach einer Erholungsreise in das Pyrenäenbad Cauterets verfaßt hatte, ist die Fortsetzung des Kampfes gegen die Tendenzpoeten mit anderen Mitteln. Heine greift auf die neuspanische Romanzendichtung und die allegorische Gestaltungsweise der Tierfabel zurück, wie sie u.a. Goethe im 'Reineke Fuchs' und Hoffmann im 'Kater Murr' benutzt hatten. Wie die berühmten Vorbilder verwendet Heine die Form nicht, um die Wirklichkeit zu fliehen, sondern im Gegenteil, um in dieselbe einzugreifen, freilich mit Hilfe der ganz unzeitgemäß erscheinenden, aus der literarischen Öffentlichkeit verdrängten, geradezu gegentendenziellen Mittel absoluter Kunst. An sie zu erinnern, mußte in einer Zeit, die die politische Dichtung favorisierte, als Politikum ersten Ranges erscheinen.

Heines Sommernachtstraum des Jahres 1841 ist als ironisch-heiteres Gegenstück zum nachfolgenden Versepos 'Deutschland – Ein Wintermärchen' entstanden, wie dieses im Untertitel an Shakespeare erinnernd. „Ich habe (...) versucht die alte Romantik, die man jetzt mit Knüppeln todtschlagen will, wieder geltend zu machen, aber nicht in der weichen Tonart der frühern Schule, sondern in der kekksten Weise des modernen Humors, der alle Elemente der Vergangenheit in sich aufnehmen kann und aufnehmen soll. Aber das romantische Element ist vielleicht unserer Gegenwart allzusehr verhaßt, es ist untergegangen bereits in unserer Literatur, und vielleicht in dem Gedichte, das ich Ihnen jetzt schicke, nimmt die Muse der Romantik auf immer Abschied von dem alten Deutschland", schrieb Heine an Laube (HSA 22, 38f.).

Das Erlebnis der Flucht eines Zirkusbären in die Pyrenäen bot Heine den Anlaß für die satirisch-heitere Geschichte um den täppischen deutschen Bären Atta Troll, dem, nachdem ihn der Bärenführer Laskaro in den Bergen erlegt hat, vom Bayernkönig Ludwig I., dem Kunstmäzen, den Heine gleichzeitig in den ‚Lobgesängen auf König Ludwig' (B 4, 458 ff.) heftig angriff, in der Walhalla bei Regensburg ein Denkmal gesetzt wird:

‚Atta Troll, Tendenzbär; sittlich
Religiös; als Gatte brünstig;
Durch Verführtsein von dem Zeitgeist,
Waldursprünglich Sanskülotte;

Sehr schlecht tanzend, doch Gesinnung
Tragend in der zottgen Hochbrust;
Manchmal auch gestunken habend;
Kein Talent, doch ein Charakter!' (B 4, 563)

Deutlich wird in diesem Zitat der Zusammenhang des Werkes mit der vorangegangenen ‚Börne'-Schrift: die Abneigung gegen die einseitige Bewunderung von Gesinnung, die Feindschaft gegen alle schlechte Kunst, hier gegen das schlechte Tanzen. Schließlich bindet die Schlußzeile mit der Anspielung auf die politisch-poetische Diskussion jener Jahre die beiden Werke unmittelbar zusammen, unterschieden freilich durch die später oft nachgeahmte Strophe, den reimlosen Vierzeiler aus vierfüßigen Trochäen, den Heine im ‚Atta Troll' verwendet.

Umgeben von seiner Familie wird der „Tendenzbär" inmitten der Pyrenäenlandschaft zum Spottbild all der täppischen Bärenhäuter seiner Zeit, der politischen Dichter, die oft auch namentlich genannt werden wie z. B. Freiligrath. Die Gestalt des Bären karikiert sie als Gleichheits- und Gleichmacher-Apostel: noch einmal eine Auseinandersetzung mit Börne, aber auch mit den Frühkommunisten. Gleichzeitig zielen die Attacken auf die deutschtümelnden Schwabendichter und auf die Apostel des Atheismus, ohne daß doch die Zuordnung des Bären zu einer ganz bestimmten Oppositionsgruppe möglich wäre. Zeitweilig scheint es fast, als träte der eigene Standpunkt ganz hinter die Angriffe auf die politisch wirklichkeitsfremden, utopisch-revolutionären, radikaldemokratischen Oppositionsströmungen und auf die parallele reaktionär-philisterhafte Poesie einer erlogenen Scheinharmonie zurück. Doch wird an vielen Stellen, an denen die Erzählerrolle im Gegensatz zur Gattungstradition erheblich aufgewertet erscheint, deutlich, daß es Heine vor allem um die Freiheit des Dichters und die Freiheit der Kunst geht:

Traum der Sommernacht! Phantastisch
Zwecklos ist mein Lied. Ja, zwecklos
Wie die Liebe, wie das Leben,
Wie der Schöpfer samt der Schöpfung!

Nur der eignen Lust gehorchend,
Galoppierend oder fliegend,
Tummelt sich im Fabelreiche
Mein geliebter Pegasus.

Ist kein nützlich tugendhafter
Karrengaul des Bürgertums,
Noch ein Schlachtpferd der Parteiwut,
Das pathetisch stampft und wiehert!

Goldbeschlagen sind die Hufen
Meines weißen Flügelrößleins,
Perlenschnüre sind die Zügel,
Und ich laß sie lustig schießen. (B 4, 501 f.)

Heine warnt gleichermaßen vor der Indienstnahme durch die nationalen Interessen des Bürgertums wie durch die der politischen Oppositionsparteien: beides kann nur zu einer starren, beschränkten, in jedem Fall einengenden Bindung des Dichters führen, die nach Heines Auffassung mit dem Absolutheitsanspruch wahrer Kunst unvereinbar ist. Der nur der eigenen Lust gehorchende Pegasus wird zum Sinnbild der umfassenderen, durchaus nicht unpolitischen Haltung, sich nicht einspannen zu lassen, für welche Bewegung, für welche Partei auch immer.

Der darin zum Ausdruck kommende Anspruch des Autors begründet die poetologische Selbstbestimmung, die den Hintergrund der in der Forschung lange unterschiedlich bewerteten Wilden Jagd in Caput XVIII–XX bildet. Die Traditionskette abendländischer Dichtung von der Bibel, den Mythen und der Volkspoesie über Shakespeare, Ariost und Goethe bis zur versinkenden Romantik aufnehmend und dabei die drei Kulturkreise der griechischen Antike, der nordischen Romantik und des Judentums berührend, läßt Heine anhand der drei erotisch anziehenden Frauengestalten Diana, Abunde und Herodias die Einheit von Schönheit, Sinnlichkeit und Lebenslust, aber auch die von Dämonie, Traum, Tod und Wahnsinn als Folie eines wahrhaft ursprünglichen, nicht entfremdeten Lebens aufscheinen. Dieser umfassende Lebensbegriff ist im Poesiebegriff des Epos aufgehoben, den die imaginierte Insel der schönen Fee als Bild der vollendeten Utopie illustriert:

Dieses Eiland liegt verborgen
Ferne, in dem stillen Meere
Der Romantik, nur erreichbar
Auf des Fabelrosses Flügeln. (B 4, 546)

Das Flügelroß, die Leitmetapher des gesamten Werks, wird am Ende, im abschließenden Varnhagen von Ense gewidmeten Caput XXVII den anderen Vögeln, den schnatternden Gänsen entgegengestellt, um nachdrücklich noch einmal die eigene, umfassendere und zugleich höchst modern anmutende Kunstauffassung festzuschreiben, die auf der Autonomie des Kunstwerks beharrt, wie Heine schon Jahre zuvor in den Briefen ‚Über die französische Bühne' formuliert hatte: „(...) ich bin für die Autonomie der Kunst; weder der Religion, noch der Politik soll sie als Magd dienen, sie ist sich selber letzter Zweck, wie die Welt selbst." (B 3, 317) Jetzt hieß es melancholisch im Blick auf die so andersgearteten Tendenzen der Zeit:

Ach, es ist vielleicht das letzte
Freie Waldlied der Romantik!
In des Tages Brand- und Schlachtlärm
Wird es kümmerlich verhallen. (B 4, 570)

Nein, kümmerlich verhallt ist Heines letzte Verbeugung vor

jener Bewegung, der er doch längst entlaufen war, nicht; endgültig verhallt ist aber wohl heute die Kritik, die Heine lange Zeit als politischen Dichter so gern in Anspruch nahm, im Hinblick auf den ‚Atta Troll' indes nur allzu leichtfertig von einem „Rückzugsgefecht" (Kaufmann) sprach, dem das ‚Wintermärchen' als das weit progressivere Werk entgegengehalten wurde. Demgegenüber ist mit Nachdruck der moderne Aspekt gerade dieses Werkes festzuhalten, der auch darin zum Ausdruck kommt, daß dieses letzte freie Waldlied bereits um die Bedrohung weiß, der jede auf ihrer Autonomie beharrende Kunst in der Moderne ausgesetzt ist. Das Schicksal der Bärengattin, der Mumma, verweist bereits auf Entwicklungstendenzen der Kunst, die sich ganz erst in unserem Jahrhundert verwirklicht haben:

> (...) sie setzte
> Lustig fort ihr Leben, tanzte
> Nach wie vor, beim Publiko
> Buhlend um den Tagesbeifall.
>
> Eine feste Stellung, eine
> Lebenslängliche Versorgung,
> Hat sie endlich zu Paris
> Im Jardin-des-Plantes gefunden. (B 4, 566)

Der zoologische Garten als Sinnbild der literarischen Spielwiese, auf der im kleinen die verlorene Freiheit als exotische Kulisse nachgebaut wird, parallel zur sich abzeichnenden industriellen Verwertung, zur öffentlichen Repräsentation und zum privaten Konsum von Kunst: da mochte noch immer Platz bleiben für die seltensten Vögel, für die fremdartigsten Liederdichter, zu bestaunen, zu bewundern im eingezäunten Freigehege der modernen Kulturszenerie. Heines Pessimismus, wie er am Schluß sichtbar wird, seine Art eines gleichsam höheren Engagements, hat das Epos vor solch totaler Assimilierung bewahrt. Fremd und exotisch, aber auch störend und nicht umstandslos rezipierbar, hat sich das Werk als resistent erwiesen, weil es trauernd benannte, was als Schicksal aller Kunst drohte.

Das zweite Versepos, das in den 40er Jahren entstand, ‚Deutschland – ein Wintermärchen', hat Heine aufgrund von Eindrücken seiner Reise nach Deutschland im Jahre 1843 verfaßt. Es zielte deshalb noch weit unmittelbarer als die Tierfabel des ‚Atta Troll' auf eine kritische Auseinandersetzung mit den damaligen deutschen Zuständen ab. Das Werk erschien 1844 zunächst aus Zensurgründen zusammen mit den ‚Neuen Gedichten', dann aber noch im selben Jahr auch als Separatdruck bei Campe. Auf Vermittlung von Marx druckte der von Börnstein redigierte ‚Vorwärts' zwischen dem 19. Oktober und dem 30. November desselben Jahres das Werk ab, das noch im Dezember in einer wortgetreuen Prosaübertragung in der ‚Revue de Paris' auch auf französisch vorlag.

In einem Brief an Campe vom 20. Februar 1844 hat Heine sein Opus „ein höchst humoristisches Reiseepos" genannt und von einem „ganz neue(n) Genre, versifizirte Reisebilder" gesprochen (HSA 22, 96). Damit knüpfte das Werk bewußt an eine Gattung an, die Heines Namen früh bekanntgemacht hatte, und gewann aufgrund der zumeist sehr locker geformten Strophen mit ihren oft kühnen Reimen zugleich eine ganz eigene Ausdruckskraft. Kaum eine andere politische Dichtung ist so volkstümlich geworden wie Heines Beschreibung seiner Deutschland-Reise, zu der er am 21. Oktober 1843 in Paris aufgebrochen war, um dann per Postkutsche, Eisenbahn und Schiff über Brüssel, Aachen, Köln, Hagen, Unna, Münster, Osnabrück und Bremen nach Hamburg zu gelangen, wo er am 29. Oktober eintraf: das in 27 Kapitel gegliederte Versepos verbindet Hin- und Rückreise, die Heine am 7. Dezember antrat, und bezieht auch Orte in die Reiseroute mit ein, die der Tourist Heine im Unterschied zum Ich-Erzähler nicht berührt hat: Grotenburg, den Kyffhäuser und die Stadt Paderborn. Ein Viertel des Textes spielt in Hamburg. Die gut 500 Strophen sind der volkstümlichen Nibelungenstrophe oder der „Chevy-Chase-Strophe", der Strophenform der englischen

Volksballade, nachgebildet: die Vierzeiler bestehen aus wechselndem vierhebigen Anvers und dreihebigem Abvers, die zusammen eine Langzeile bilden. Vers 1 und 3 sind männlich; Vers 2 und 4 weiblich und reimen zudem. Und in den Reimen enthüllt sich in diesem Fall die ganze Verskunst Heines, der selbst im Vorreden-Entwurf des Jahres 1855 von „rîmes drôlatiques“ und „calembourgs burlesques“ spricht (B 4, 645). Da reimen denn „Franzosen“ auf „Saucen“, „Preußisch“ auf „Beichaise“, „Strohwisch“ auf „philosophisch“, „Romantik“ auf „Uhland, Tieck“ etc.; da erscheinen Wortspiele wie „aristokrätzig“ oder „konfiszierlich“ als Kontamination von konfiszierten und zierlichen Büchern: man glaubt es Freiligrath, wenn er in einem Brief schreibt, er sei „bei'm Lesen fast unter den Tisch gefallen vor Lachen“. Und so wird es vielen Lesern ergangen sein, – auch wenn die wenigsten das zugestehen mochten. (Höhn, 110)

Was Heine selbst von seinem Werk dachte, drückte er in Briefen an Campe aus, die entsprechende Aussagen über den ‚Atta Troll‘ aufnehmen und fortführen, wie das ‚Wintermärchen‘ insgesamt ohne das voraufgegangene Epos kaum zu denken ist: beide nehmen Bezug auf Shakespeare, aber diesmal ist die aristophanische Komponente – das Schluß-Caput spielt direkt auf Aristophanes an – noch erheblich verstärkt, die dem ‚Atta Troll‘ eigene Stoßrichtung noch deutlicher auszumachen. „Es ist ein gereimtes Gedicht, welches (...) die ganze Gährung unserer deutschen Gegenwart, in der keksten, persönlichsten Weise ausspricht. Es ist politisch romantisch und wird der prosaisch bombastischen Tendenzpoesie hoffentlich den Todesstoß geben. Sie wissen, ich prahle nicht, aber ich bin diesmal sicher, daß ich ein Werkchen gegeben habe, das mehr furore machen wird als die populärste Broschüre und das dennoch den bleibenden Werth einer klassischen Dichtung haben wird.“ (HSA 22, 100) Heine hat mit der letzten Vermutung zweifellos Recht behalten, auch wenn das Gedicht bis in die jüngste Zeit nicht nur viel gerühmt, sondern auch viel gescholten wurde, was für eine politische Dichtung ohnehin kein Nachteil ist. Daß es vor allem aufgrund seiner Religionskritik bereits am 4. Oktober 1844 in Preußen verboten wurde – die übrigen Bundesstaaten folgten wenige Tage später –, war vorauszusehen; daß das Werk bis in unsere Tage immer wieder zu Nachahmungen und Adaptationen herausgefordert hat – die jüngsten wichtigen Aktualisierungen stammen von Wolf Biermann (1972), der erstmals wieder Heines Titel genau übernimmt, und von Gerhard Rühm (1976): ‚Wintermärchen – Ein Radiomelodram' –, das war gewiß weniger zu erwarten und spricht für Heines richtige Einschätzung des überaus populären Charakters seiner „klassischen Dichtung".

Neben den Attacken auf die „prosaisch bombastische Tendenzpoesie" finden sich zahlreiche andere Themen der Heineschen Dichtung: wie einst der Prosaerzähler der ‚Harzreise' aus der philisterhaften Enge der Universitätsstadt Göttingen aufgebrochen war, so schildert nun der von Heimweh getriebene Autor den beschwerlichen Weg aus dem helleren Frankreich zurück ins dunkel-enge Deutschland als Fahrt durch den verfaulenden Feudalismus, die schließlich am Zauberkessel der Hamburger Göttin Hammonia mit dem „Mist/Aus sechsunddreißig Gruben" ihr prophetisches Ende findet:

Doch dieser deutsche Zukunftsduft
Mocht alles überragen,
Was meine Nase je geahnt –
Ich konnt es nicht länger ertragen –

Mir schwanden die Sinne, (...) (B 4, 640)

Ganz im Gegensatz dazu wird der Grenzübertritt des Caput I mit Bildern geschildert, die wir bereits aus Heines früher Liebesdichtung kennen:

Und als ich die deutsche Sprache vernahm,
Da ward mir seltsam zu Mute;
Ich meinte nicht anders, als ob das Herz
Recht angenehm verblute. (B 4, 577)

Gleichzeitig wird das ganze folgende Werk, das ‚Wintermärchen', dem alten „Entsagungslied", das ein „kleines Harfenmädchen (...) mit wahrem Gefühle/Und falscher Stimme" sang, als „Ein neues Lied, ein besseres Lied" entgegengesetzt.

in dem nun hymnisch die menschliche Befreiung als die große, von der Gegenwart noch zu leistende Aufgabe projektiert wird:

Wir wollen hier auf Erden schon
Das Himmelreich errichten.

Noch einmal sind es vom Sensualismus saint-simonistischer Prägung erfüllte Bilder, mit denen Heine den Kontrast zur dumpfen Gegenwart, das irdische Himmelreich, beschreibt, und noch einmal blättert er dabei den epikureischen, aber doch auch politischen Genußkatalog auf, der sich sowohl gegen die pharisäerhaften doktrinären Revolutionäre wendet wie gegen die faulen Bäuche, die verschlemmen, „Was fleißige Hände erwarben."

Es wächst hienieden Brot genug
Für alle Menschenkinder,
Auch Rosen und Myrthen, Schönheit und Lust,
Und Zuckererbsen nicht minder.

Ja, Zuckererbsen für jedermann,
Sobald die Schoten platzen!
Den Himmel überlassen wir
Den Engeln und den Spatzen. (B 4, 578)

Heines Absage an den Himmel und alle christlichen Jenseitsvorstellungen hat man als sein politisches Manifest in Versen verstanden. Plechanow bezeichnete den Grundgedanken des Caput I 1885 als den „Leitgedanken der modernen Arbeiterbewegung in allen zivilisierten Ländern", und Bebel zitierte Heines Verse von der Bühne des deutschen Reichstages herab.

Nach der Abrechnung mit Zoll, Zensur, Militär und der kirchlichen Restauration in den ersten Kapiteln des Werkes wird in Caput VI die Reflexion über den Zusammenhang von Dichten und politischem Handeln auf eine neue Höhe geführt und erneut die unauflösliche Verbindung von Theorie und Praxis bedacht, wie sie bis heute die Diskussion um die Wirkung, aber auch um die Gefährdung dichterischer Aussagen bestimmt. Den Deutschland-Reisenden träumt, er schlendere in Begleitung einer vermummten Gestalt durch das altertümliche Köln, und als Antwort auf die Frage, wer dieser stumm hinter ihm schreitende, offenbar nicht abzuschüttelnde Begleiter sei, antwortet dieser „trockenen Tons,/Sogar ein bißchen phlegmatisch":

> ‚Du bist der Richter, der Büttel bin ich,
> Und mit dem Gehorsam des Knechtes
> Vollstreck ich das Urteil, das du gefällt,
> Und sei es ein ungerechtes.
>
> (...)
>
> Ich bin dein Liktor, und ich geh
> Beständig mit dem blanken
> Richtbeile hinter dir – ich bin
> Die Tat von deinem Gedanken.' (B 4, 591 f.)

Und gleichsam als Beweis für den hier ins romantische Bild des Doppelgängers gebannten Gedanken, daß die Worte Folgen haben, zerschmettert im sich anschließenden Caput VII „Des stummen Begleiters furchtbares Beil" beim nächtlichen Gang durch den Kölner Dom „die armen/Skelette des Aberglaubens, er schlug/Sie nieder ohn Erbarmen." (B 4, 595)

Auch wenn Heine diese Szene nur als einen Traum schildert, verliert sie doch nicht ihren geheimen Schrecken, erscheint sie als zwangsläufige Folge der eingangs so frohgemut verkündeten Absage an den Himmel, ganz so, wie am Ende des ‚Wintermärchens' dem Preußenkönig die Macht des dichterischen Wortes vor Augen geführt wird:

> Kennst du die Hölle des Dante nicht,
> Die schrecklichen Terzetten?
> Wen da der Dichter eingesperrt,
> Den kann kein Gott mehr retten – (B 4, 644)

Daß dabei auch der Dichter abhängig wird, sich nicht von den praktischen Folgen seiner Arbeit distanzieren kann, ist die Kehrseite seiner Macht, die ihm verliehen ist, weil er nach Heines Aussage in der ‚Vorrede zu Salon I' selber nur der Diener des Wortes ist: „Die Leute glauben, unser Tun und Schaffen sei eitel Wahl, aus dem Vorrat der neuen Ideen griffen wir eine heraus für die wir sprechen und wirken, streiten und leiden wollten, wie etwa sonst ein Philolog sich seinen Klassiker auswählte, mit dessen Kommentierung er sich sein ganzes Leben hindurch beschäftigte – nein, wir ergreifen keine Idee, sondern die Idee ergreift uns, und knechtet uns, und peitscht uns in die Arena hinein, daß wir, wie gezwungene Gladiatoren, für sie kämpfen. So ist es mit jedem echten Tribunat oder Apostolat. (...) Wenn Ihr diese heilige Zwingnis kenntet, Ihr würdet uns nicht mehr schelten, nicht mehr schmähen, nicht mehr verleumden – wahrlich, wir sind nicht die Herren, sondern die Diener des Wortes. Es war ein wehmütiges Geständnis, wenn Maximilian Robespierre sprach: ‚Ich bin ein Sklave der Freiheit.'" (B 3, 10)

Mittel- und Höhepunkt des ‚Wintermärchens' ist in Caput XIV–XVII die Barbarossa-Episode, zugleich die umfangreichste Episode des gesamten Werkes, die unter verschiedenen Aspekten die zeitgenössischen Revolutionserwartungen kritisch beleuchtet: in Caput XIV wird die volksmärchenhafte Illusion der Befreiung durch eine höhere Macht, personifiziert im Märchenkaiser Barbarossa, als Aberglauben bloßgestellt; Caput XV persifliert offen die reaktionär-nationalistische Mythenbildung um den vertrottelt-verschlafenen Kaiser Rotbart, und Caput XVI setzt sich kritisch mit den Strömungen des radikalen Liberalismus und der republikanischen Staatsidee auseinander, während das die Episode beschließende Caput XVII ironisch die Wiederkehr der mittelalterlichen Kaisergestalt befürwortet:

Das Mittelalter, immerhin,
Das wahre, wie es gewesen,
Ich will es ertragen – erlöse uns nur
Von jenem Zwitterwesen,

Von jenem Kamaschenrittertum,
Das ekelhaft ein Gemisch ist
Von gotischem Wahn und modernem Lug,
Das weder Fleisch noch Fisch ist. (B 4, 617)

Die Barbarossa-Episode stellt sich dem Leser als ein in sich geschlossener, einheitlich konzipierter Abschnitt dar, als dessen durchgängige Tendenz sich unschwer der immer vorhandene, zum Teil offen ausgesprochene Zweifel an der Wirksamkeit der verschiedenen Versuche ausmachen läßt, die Barbarossa-Gestalt für die politische Praxis der 40er Jahre zum Leben zu erwecken. Die in drei Schritten ablaufende Auseinandersetzung mit diesen Bestrebungen spiegelt dabei das Ineinander von poetisch-politischen Entwürfen und der ihnen jeweils geltenden Kritik, führt also nicht zu einer abschließenden, überhöhenden Entwicklung des Themas. Wie früher schon bleibt die endgültige Bewertung der Entwürfe bzw. der ihnen geltenden Kritik dem Leser überlassen, der sich sein eigenes Urteil zu bilden hat. Wie im ‚Atta Troll' unterstreicht diese Rezeptionsvorgabe bewußter interpretatorischer Vieldeutigkeit neben der postulierten Mündigkeit des Lesers erneut die zu verteidigende Freiheit der Kunst, sich nicht instrumentalisieren zu lassen.

Konkret Partei ergreift Heine indes wieder dort, wo er im abschließenden Caput nach den vielfältigen Attacken auf die absterbenden, zum Untergang verurteilten Feudalstaaten das Bild jenes neuen Geschlechtes zeichnet, das an die Stelle des heuchlerischen alten treten wird. Hier schlägt Heine noch einmal den Bogen zur eingangs gestalteten, mitreißenden Utopie des „Himmelreichs auf Erden", des sensualistischen Lebenskonzepts mit Brot und Zuckererbsen, mit Rosen und Myrten, mit Schönheit und Lust für alle:

> Das alte Geschlecht der Heuchelei
> Verschwindet Gott sei Dank heut,
> Es sinkt allmählig ins Grab, es stirbt
> An seiner Lügenkrankheit.
>
> Es wächst heran ein neues Geschlecht,
> Ganz ohne Schminke und Sünden,
> Mit freien Gedanken, mit freier Lust –
> Dem werde ich Alles verkünden. (B 4, 641 f.)

Ganz in diesem Sinne wendet sich Heine im Vorwort des Werkes gegen den damals tonangebenden Nationalismus, dem er in Fortführung seiner „pacifike(n) Mission" der Völkerversöhnung seinen menschheitlich verstandenen Patriotismus entgegensetzt: „Pflanzt die schwarz-rot-goldne Fahne auf die

Höhe des deutschen Gedankens, macht sie zur Standarte des freien Menschtums, und ich will mein bestes Herzblut für sie hingeben. Beruhigt Euch, ich liebe das Vaterland eben so sehr, wie Ihr. Wegen dieser Liebe habe ich dreizehn Lebensjahre im Exile verlebt, und wegen eben dieser Liebe kehre ich wieder zurück ins Exil, vielleicht für immer (. . .)." Und auf die zeitgenössische Rheinpsychose anspielend, heißt es wenig später: „die Elsässer und Lothringer werden sich wieder an Deutschland anschließen, wenn wir das vollenden, was die Franzosen begonnen haben," – und hier folgen in der französischen, auf keine Zensur Rücksicht nehmenden Fassung die Worte „le grand oeuvre de la Révolution: la Démocratie universelle" (B 4, 1027), bevor der Text den Gedankengang dann zum pathetisch-nachdrücklichen Abschluß bringt: „ja, nicht bloss Elsaß und Lothringen, sondern ganz Frankreich wird uns alsdann zufallen, ganz Europa, die ganze Welt – die ganze Welt wird deutsch werden! Von dieser Sendung und Universalherrschaft Deutschlands träume ich oft, wenn ich unter Eichen wandle. Das ist *mein* Patriotismus." (B 4, 574 f.)

V. Gebrochenes Herz, doch gute Waffen

1. ‚Romanzero'

Kaum etwas spiegelt besser die Situation Heines nach der gescheiterten Revolution des Jahres 1848, als ihn die Krankheit endgültig ans Bett, die berühmte Matratzengruft, fesselte, als das Motto zu den ‚Historien' des ‚Romanzero', seiner dritten großen Gedichtsammlung:

> Wenn man an dir Verrat geübt,
> Sei du um so treuer;
> Und ist deine Seele zu Tode betrübt,
> So greife zur Leier.
>
> Die Saiten klingen! Ein Heldenlied,
> Voll Flammen und Gluten!
> Da schmilzt der Zorn, und dein Gemüt
> Wird süß verbluten. (B 6/1, 10)

Vieles klingt da noch einmal an, was die Kämpfe der vorangegangenen Jahre gekennzeichnet hatte: das Unverständnis, dem das ‚Börne'-Buch selbst bei guten Freunden begegnet war – Engels sprach sich dagegen aus, worunter Heine zweifellos gelitten hat –; die vielfältige, nie ganz schmerzlose Auseinandersetzung mit den Verbalaktionisten und Politbarden der Vormärzära, denen sich Heine dennoch verbunden fühlte; nicht zuletzt die bedrückende Erfahrung des Jahres 1848, auf die er immer wieder zu sprechen kam. „Meine Beine haben den Sturz des Königtums nicht überlebt, und ich bin jetzt ein Krüppel", schrieb er am 25. Juni 1848 an Edouard de Lagrange. (HB 293 f.)

Diese für das Verständnis des Spätwerks so wichtige Parallelisierung des Scheiterns der Revolution und des eigenen körperlichen Zusammenbruchs, wie sie die briefliche Wendung ironisch ausspricht, ist im Nachwort des ‚Romanzero' zu einem großartigen emblematischen Bild stilisiert, das die Idole des Heineschen Werkes, die sich an sie knüpfenden Hoffnungen und die enttäuschten Erwartungen, die bedrängenden Unzulänglichkeiten auch der Dichtung, die ihnen gewidmet ist, kritisch und trauernd zugleich noch einmal ausstellt:

„Es war im Mai 1848, an dem Tage, wo ich zum letzten Male ausging, als ich Abschied nahm von den holden Idolen, die ich angebetet in den Zeiten meines Glücks. Nur mit Mühe schleppte ich mich bis zum Louvre, und ich brach fast zusammen, als ich in den erhabenen Saal trat, wo die hochgebenedeite Göttin der Schönheit, Unsere liebe Frau von Milo, auf ihrem Postamente steht. Zu ihren Füßen lag ich lange, und ich weinte so heftig, daß sich dessen ein Stein erbarmen mußte. Auch schaute die Göttin mitleidig auf mich herab, doch zugleich so trostlos, als wollte sie sagen: siehst du denn nicht, daß ich keine Arme habe und also nicht helfen kann?“ (B 6/1, 184)

Viele der Gedichte des ‚Romanzero‘ sind denn auch nicht, wie Heine im Nachwort angibt, in den Jahren nach der Revolution entstanden, sondern gehen, wie die neuere Forschung nachweisen konnte, auf die Zeit vor 1848 zurück, reflektieren also persönliche und zeitgeschichtliche Erfahrungen, die im Revolutionsjahr lediglich einen entscheidenden Wendepunkt erreichten.

Die letzte große Gedichtsammlung Heines war ein durchschlagender Erfolg, wozu vor allem die persönlichen Umstände des in Paris hinsiechenden Dichters beitrugen, von dem alle Welt nur auf indirekte Weise durch die Mitteilungen der Freunde und Besucher erfuhr. Im Jahr des Erscheinens der Sammlung, 1851, hatte Adolph Stahr das Wort vom „sterbenden Aristophanes“ in Umlauf gesetzt, das sofort aufgegriffen wurde und zur erhöhten Publizität des ‚Romanzero‘ beitrug. Jedenfalls konnte der rührige Verleger, der Heine im Juli 1851 in Paris besuchte, um alte Verstimmungen beizulegen, und der bei dieser Gelegenheit den Publikationsvertrag abschloß – Campe zahlte 6000 Mark Banco (1975 wären das ca. 72000 DM gewesen) für die erste und alle weiteren Auflagen

–, trotz der Verbote in Preußen und Österreich binnen kurzer Frist, von Oktober bis Dezember 1851, vier Auflagen mit über 20000 Exemplaren absetzen: ein geradezu sensationeller Erfolg eines Gedichtbandes zu jener Zeit – und heute wohl auch noch.

Wie keine der anderen großen Gedichtsammlungen reflektiert der ‚Romanzero' Zeit und Persönlichkeit des Dichters, die objektiv-gültige Trauer über den Lauf der Welt als melancholisch-resignative Auseinandersetzung mit der Geschichte, und die subjektiv-physiologische Leiderfahrung als Hadern mit der eigenen Gefangenschaft in der Matratzengruft. „Es ist also im wahren Sinne des Wortes mein versifizirtes Lebensblut, was ich solchermaßen gebe." (HSA 23, 322) Das kompositorisch streng gebaute, dreigeteilte Buch könnte in diesem Sinne geradezu als Steigerung verstanden werden: der erste Teil, die eigentlichen Romanzen, kommentieren den Gang der Geschichte anhand unterschiedlichster Beispiele, wobei Handlungen und Haltungen der einzelnen Individuen scharf ins Auge gefaßt werden; der zweite Teil, die sogenannten ‚Lamentationen', führt die Klage über den ‚Weltlauf' – so der Titel des einleitenden Gedichts – fort und verschärft sie unter stärkerer Berücksichtigung des subjektiven Aspekts, was mit Blick auf das abschließende Gedicht ‚Enfant perdu' besonders deutlich wird. Schließlich bietet der dritte Teil, die ‚Hebräischen Melodien', eine weitere Steigerung, indem hier der Versuch einer neuen Objektivierung der eigenen Situation wie der allgemeinen Lage im Hinblick auf die Leidensgeschichte des jüdischen Volkes unternommen wird. Die Forschung hat in jüngster Zeit gerade dieser Dreiteilung ihr besonderes Interesse zugewandt und wohl nicht zu Unrecht Vergleiche zu Hegel gezogen (Prawer, Lefèbvre), was umso bedeutsamer erscheint, als Heine gedanklich zu dieser Zeit ja dem Berliner Philosophen gerade fernrückt. Jedenfalls wird man die drei Teile eng aufeinanderbeziehen müssen und nicht, wie es die zeitgenössische Rezeption teilweise tat, die beiden letzten Teile aufgrund ihrer religösen Grundstimmung zu Lasten der einleitenden ‚Historien' einseitig in den Vordergrund rücken dürfen.

In den ‚Historien' liest Heine mit dem durchs eigene Leiden geschärften Blick der Geschichte ab, was erst hundert Jahre später mit der gleichen Bewußtheit wieder wahrgenommen werden sollte: die totale Ausschaltung des einzelnen, die Zerstörung des Subjekts, ohne daß irgendwo die Allmacht der über das Individuum hinwegschreitenden Geschichte verherrlicht würde. Gerade wo er sie im Formalen zu erfüllen scheint, kündigt Heine inhaltlich endgültig die Schülerschaft des großen Philosophen der Weltgeschichte, die Schülerschaft Hegels auf, indem er sich weigert, auf dem Triumphwagen der objektiven Tendenz mitzufahren. Seine Gedichte lehnen es strikt ab, das Bestehende zu rechtfertigen, und der Konflikt zwischen Individuum und Gesellschaft, den Hegel merkwürdigerweise unberücksichtigt gelassen hatte, wird in diesen Versen bis zum bitteren Ende ausgetragen. Die Welt stellt sich dabei in ihren unterschiedlichen historischen Erscheinungsformen als eine Welt des Grauens dar. Daß sie noch nicht ganz zum System des Grauens an sich geronnen ist, wie es die Literatur des 20. Jahrhunderts z. B. bei Kafka entwirft, verdankt sie einzig dem Blick des Dichters, der sich ans leidende Subjekt heftet, mit dem so grausam gespielt wird: noch als geschundene und scheiternde verbürgt dessen Existenz den Einspruch gegen den Lauf der Welt, dem das Subjekt unterworfen ist, hält das Gedicht schwach und verloren die Hoffnung fest, daß alles einmal anders werde.

Heine bleibt dabei seiner Methode des Schreibens auch insofern treu, als der von ihm erhobene Einspruch den Leser wiederum als eine Art Rezeptionsvorgabe erreicht: der Leser soll sich mit dem, war ihm da berichtet wird, gerade nicht einverstanden erklären. Daß Heine sich dabei der Balladenform bedient – er unterscheidet nach damaligem Gebrauch nicht zwischen Romanze und Ballade –, erscheint im Hinblick auf den historischen Inhalt der Gedichte naheliegend, weniger indes im Hinblick auf die intendierte Infragestellung der Geschichte, zu deren Verklärung sich die Gattung der Ballade ja lange verstanden hatte. Es ist deshalb als ein eigenständiger, weiterführender Beitrag Heines zur Entwicklung gerade die

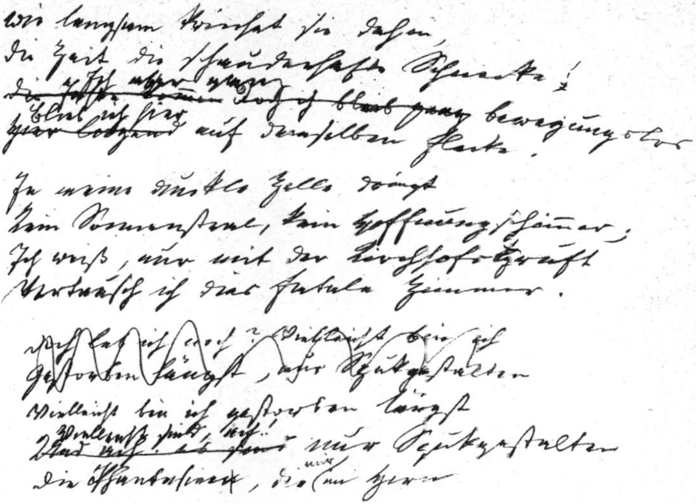

5. Gedichtmanuskript Heines aus dem Zyklus ‚Zum Lazarus', ca. 1853 (Heinrich-Heine-Institut, Düsseldorf)

6. Heine und Mathilde. Oelgemälde von Ernst Benedikt Kietz, 1851 (Heinrich-Heine-Institut, Düsseldorf)

ses Gedichttyps anzusehen, daß es ihm gelingt, die Ballade aus ihrer ideologischen Funktion, geschichtsverklärend zu wirken, zu befreien und sie geradezu gegen diese Verklärungsfunktion zu mobilisieren. Damit hat Heine, wie Bayerdörfer und Brummack überzeugend nachweisen konnten, der Balladenentwicklung in Deutschland ganz neue Wege gewiesen. Es gelingt ihm, mit Hilfe reflektierender Elemente, die zuweilen auf versteckte Weise ironisch verschärft sind, die historisch angelegten Bilder aufzubrechen, so daß sie auf die Gegenwart bezogen werden können und eine kritische Konfrontation ermöglicht wird, die dem Gattungstyp herkömmlicherweise abgeht.

An einem Gedicht wie ‚Marie Antoinette', das ganz aus der Tradition der Schauer- und Gespensterballade entwickelt wird, läßt sich Heines Vorgehen gut beobachten, die Zurückdrängung des ursprünglich zugrundeliegenden numinosen Charakters, das Hervortreten satirischer Elemente, die zugespitzte Wortwahl, die teilweise karikaturistische Funktion hat, schließlich der sich unmittelbar an den Einwurf des Sprecher-Ichs knüpfende Bezug zur zeitgenössischen Politik Frankreichs, aber wohl auch Deutschlands:

> Doch sonderbar! es dünkt mich schier,
> Als hätten die armen Geschöpfe
> Gar nicht bemerkt, wie tot sie sind
> Und daß sie verloren die Köpfe. (B 6/1, 27)

Auf diese Weise rücken plötzlich die zeitgenössischen Restaurationstendenzen ins Blickfeld, und die historisch angelegte Ballade entfaltet das Potential eines politischen Gedichts, das sich unmittelbar an Heines Gedichte der frühen 40er Jahre anschließt.

Neben der formalen Neuerung der meisten Balladen Heines, die Handlung durch einen Kommentar oder eine Reflexion gleichsam zu kontrapunktieren und damit die besondere bzw. die allgemeine Geschichtsentwicklung kritisch zu beleuchten, sie zur Diskussion zu stellen und den Fragen des Lesers auszusetzen, hat an diesem Umgang mit der Gattung vor allem die Radikalität verstört, mit der das einzeln erfahrene Leiden stellvertretend für das Leiden der vielen, der Nichtgenannten, letztlich aller erfaßt und dargestellt wird. So verlieren in dem Gedicht ‚Pfalzgräfin Jutta' die Ritter nicht nur ihr Leben; ihrem Schicksal wird jeder Anschein des Heroischen genommen, und die emporgestreckten Finger, die gläsernen Augen der im Wasser treibenden Leichen erscheinen als Menetekel einer Welt, in der das Heldentum endgültig in totale Absurdität umgeschlagen ist. In dieser verkehrten Welt gewinnt allemal „der schlechtre Mann", wie es im Gedicht ‚Valkyren' heißt, während der bessere hoffnungslos unterliegen muß. Wenn aber darüber „der Pöbel Vivat! ruft", wird das von Heine intendierte angemessene Verständnis dieser Verse offensichtlich: die Einsicht in das Verkehrte aller Verhältnisse soll dem Leser die Künstlichkeit des Bildes vor Augen führen, soll ihm bewußt machen, wie der Schein falscher Gefühle über die Falschheit der Welt hinwegtrügt:

Lächelnd stehen auf Balkonen
Schöne Fraun, und Blumenkronen
Werfen sie dem Sieger zu.
Dieser grüßt mit stolzer Ruh. (B6/1, 21)

Die Anteilnahme der Gedichte gilt allemal den Unterliegenden, den Opfern. So z. B. in der großen Ballade ‚Schlachtfeld bei Hastings', wo die Geliebte des gefallenen Königs die Wunden des Toten so inbrünstig küßt, daß sich die Assoziation nicht nur der Christus-Gestalt, sondern auch der sensualistisch empfundenen Liebe als Vorgriff auf den freien, den endgültig befreiten Menschen einstellt. Nicht im falschen Trost der im Gedicht beschriebenen Litaneien und Gebete der Mönche, sondern in den Küssen, die dem Toten gelten, leuchtet momenthaft das wahre Bild des Menschen auf, für den an die Stelle der Schmerzen, der Lüge und des Leidens Erlösung, Liebe und Lust getreten sind:

Sie küßte die Stirne, sie küßte den Mund,
Sie hielt ihn fest umschlossen;
Sie küßte auf des Königs Brust
Die Wunde blutumflossen.

Auf seiner Schulter erblickt sie auch –
Und sie bedeckt sie mit Küssen –
Drei kleine Narben, Denkmäler der Lust,
Die sie einst hineingebissen. (B 6/1, 24f.)

Erst angesichts des sinnlosen Leidens und des zumeist gräßlichen Sterbens wird dem Leser ganz bewußt, was wahres Leben eigentlich heißen sollte. Heines ‚Historien', die als kleine Weltgeschichte räumlich und zeitlich weit ausgreifen, nach Ägypten, Persien, Mexiko, nach Indien, Arabien, Spanien, nach England, Frankreich, schließlich auch ins nahe Rheinland, erfassen fast immer das Leben vom Tode her, transzendieren diesen jedoch auf eine Zukunft hin, in der die berichteten ‚Historien' endlich das sein könnten, was ihr Titel bereits zu versprechen scheint, nichts als Geschichten aus vergangener Zeit. Solange diese Zeit aber noch fern ist, erfüllen sie ihre Aufgabe im Sinne einer Humanität, die nach einem Wort Adornos „vielleicht (...) nichts anderes (ist), als daß sie das Bewußtsein des Schreckens wachhält, dessen, was nicht mehr sich gutmachen läßt." (‚Quasi una fantasia')

Aus dieser Haltung entwickelt sich die besondere Ausdruckskraft der späten Gedichte Heines, deren eindrucksvollste Gestalt zweifellos der Lazarus im zweiten Teil der ‚Lamentationen' ist. Wie wichtig diese Figur für den leidenden Heine der Matratzengruft war, geht daraus hervor, daß auch in den Gedichten der Jahre 1853 und 1854 noch ein längerer ‚Zum Lazarus' überschriebener Text erschien und aus dem Nachlaß weitere vierzehn, mit dem handschriftlichen Vermerk ‚Zum Lazarus' versehene Gedichte bekanntgeworden sind, ja, daß Heine, wie er 1854 an Campe schrieb, ein ganzes Buch ‚Lazarus' plante.

Die Parallelen, die die Namenswahl begründen, sind leicht auszumachen: die Schwären des Aussatzes, der Geruch und die Tücher, in die Lazarus gehüllt war, sein Angewiesensein auf die Brosamen vom Tisch des reichen Mannes, nicht jedoch seine Hoffnung auf das barmherzige Eingreifen Gottes. Jedenfalls kennt Heine in diesen Gedichten nicht die Erhöhung, die Lazarus nach der biblischen Überlieferung im Jenseits zuteil wurde, von einer Erfüllung der Hoffnungen im Diesseits gar nicht zu reden. Selten nur und dann auch noch ironisch gebrochen treten den Klagen über das eigene Leiden Bilder himmlischer Seligkeit an die Seite. So wird in dem Gedicht ‚Fromme Warnung' der Eintritt ins Himmelreich bewußt ins Idyllisch-Lächerliche transponiert, um gleichsam die Märchenhaftigkeit eines frommen Kinderwunsches bloßzustellen und zugleich wie an vielen Stellen der Heineschen Spätlyrik Witz und Komik als Mittel einer spezifischen Überlebensstrategie zu entbinden:

Am Eingang läßt der Pilger zurück
Die stäubigen, drückenden Schuhe –
Kehr ein, hier findest du Ruhe,
Und weiche Pantoffeln und schöne Musik. (B 6/1, 110)

Selbst bei den vom persönlichen Leiden geprägten ‚Lamentationen' verliert der Autor jedoch nie den allgemeinen gesellschaftlichen Bezug aus den Augen, wie ihn programmatisch das einleitende Gedicht des Zyklus ‚Weltlauf' als Akkumulationsprinzip der sich herausbildenden kapitalistischen Gesellschaft nachzeichnet, durch das der einzelne erst verarmt und schließlich zugrundegeht:

Hat man viel, so wird man bald
Noch viel mehr dazu bekommen.
Wer nur wenig hat, dem wird
Auch das wenige genommen.

Wenn du aber gar nichts hast,
Ach, so lasse dich begraben –
Denn ein Recht zum Leben, Lump,
Haben nur die etwas haben. (B 6/1, 105)

Der auf Brecht vorausweisende Lakonismus dieser Verse, die eigentlich in jedes Lesebuch gehörten, weist deutlich auf die Erfahrungen der 40er Jahre zurück, als Heine Einblick in das Finanz- und Geschäftsgebaren der französischen Bourgeoisie erhielt – er selbst beteiligte sich über Rothschild und andere Bankiers an zahlreichen Aktienspekulationen –, und verbindet sich mit der persönlichen Leiderfahrung zu einer Klage, in der Krankheit, Außenseitertum und Armut als sich wechselseitig beleuchtende Verhängnisse der Welt interpretiert werden.

Mit dieser Verschränkung von individuellem und allgemeinem Schicksal beugt Heine zugleich einer monokausalen Interpretation seiner späten Gedichte vor. Die Umrahmung der ‚Lazarus'-Gedichte durch die Gedichte ‚Weltlauf' und ‚Enfant perdu' ist Teil dieser bewußt gestalteten Rezeptionssteuerung. Durch sie wird der Leser zu einer reflektierenden, distanzierten Haltung genötigt, die eine erkenntnisleitende und handlungsmotivierende Funktion zugleich hat: ist das einzelne Leid als Teil des Leidens aller erkannt, kann nicht länger nach einseitigen Lösungen gesucht werden, seien diese nun religiöser, politischer oder privater Natur. Einzig im Zusammenspiel aller Komponenten kann die Heilung der Krankheit eingeleitet werden, von der nicht nur Heines Spätwerk, von der sein ganzes Oeuvre spricht.

In vieler Hinsicht erscheint Heines Haltung nach der gescheiterten Revolution von 1848 ungewöhnlich. Weder verstummte er wie andere progressive Schriftsteller der Vormärz-Ära, allen voran Georg Weerth, der nach Übersee ging und dort im selben Jahr verstarb wie Heine, noch ging er Kompromisse mit den neuen Machthabern ein wie Dingelstedt, Gutzkow und Laube, noch zog er sich in Naturbetrachtungen zurück wie Stifter, bevor dieser sich mit dem ‚Witiko' auch als politischer Autor wieder zu Wort meldete. Heine hielt konsequent am einmal eingeschlagenen Weg fest, dabei stets Zeitbetrachtung, persönliches Erleben und poetische Gestaltung dessen, was sein sollte, zusammenschließend. So schreitet er im 3. Teil des ‚Romanzero' mit den ‚Hebräischen Melodien' über die exemplarischen Märtyrergestalten fort zum exemplarischen Märtyrervolk der Geschichte und gestaltet in den großen Leidensmelodien ‚Prinzessin Sabbat' und ‚Juda ben Halévy' paradigmatisch das jüdische Schicksal, ohne sich jedoch dem konfessionellen Anspruch der jüdischen Religion zu unterwerfen. Alle diese Gestalten werden ihm vielmehr zu Chiffren des Entfremdet- und Ausgestoßenseins, des Nichtnachhausekommens und des Exils, in das das eigene stets einbeschlossen ist.

So pessimistisch Heines Geschichtsverständnis nach 1848 anmuten mag, weil es noch deutlicher als früher den Preis nennt, den der vermeintliche Fortschritt kostet im Sinne der frühen Einsicht „die Gräber sind wahr" (B 3, 164), so geht es doch nicht völlig auf im Bild der „Weltgeschichte (...), die sich so närrisch herumrollt in Blut und Kot", wie Heine in den ‚Französischen Malern' schrieb. Auch jetzt noch gibt es für ihn die andere, „noch größere Geschichte", die „heilige Geschichte, die der Dichter beschreibt und deren Archiv in jedem Menschenherzen zu finden ist; die Geschichte der Menschheit!" (B 3, 68) Sie läßt Heines ‚Romanzero' vor allem zu Wort kommen, und es ist – wie schon im ‚Buch der Lieder' – nicht nur sein eigenes „versifizirtes Lebensblut", das er in diesen Versen gegeben hat. Stellvertretend für viele räumt er nach dreißig Jahren den „Posten in dem Freiheitskriege": ein ‚Enfant perdu' unter anderen – und nicht das letzte, wie das so betitelte Schlußgedicht der ‚Lamentationen' denn doch nicht ganz ohne Hoffnung, nicht ganz ohne Glauben an eine Vernunft in der Geschichte formuliert:

> Ein Posten ist vakant! – Die Wunden klaffen –
> Der eine fällt, die andern rücken nach –
> Doch fall ich unbesiegt, und meine Waffen
> Sind nicht gebrochen – Nur mein Herze brach. (B 6/1, 121)

2. *‚Gedichte 1853 und 1854'*

Die im ‚Romanzero' vorherrschende Thematik bestimmt weitgehend auch noch die ‚Gedichte. 1853 und 1854', die 1854 im ersten Band der ‚Vermischten Schriften' erschienen, auch wenn Heine seinem Verleger Campe gegenüber aus einsichtigen Gründen anders argumentierte: „ein ganz neuer Ton, und zu dem Eigenthümlichsten gehörend, das ich gegeben;" (HSA 23, 306). Konnte es für den „brave(n) Soldat(en) im Befreiungskriege der Menschheit" überhaupt etwas ganz Neues geben? So hat er denn auch ursprünglich bei diesen Gedichten an den Titel ‚Gedichte der Agonie' gedacht, und die Aufnahme der Lazarus-Gestalt unterstreicht die Fortführung des zuletzt behandelten Themas, bei dessen Wiederaufnahme der Autor sich freilich auch jetzt noch standhaft weigert, vorschnell Antworten auf die gestellten Fragen zu geben. So macht es Heine erneut niemandem recht – und trifft doch das Richtige, indem er jede einseitige Lösung verwirft und den Leser wie im berühmten Prologgedicht ‚Zum Lazarus' mit den Fragen allein läßt:

Laß die heilgen Parabolen,
Laß die frommen Hypothesen –
Suche die verdammten Fragen
Ohne Umschweif uns zu lösen. (B 6/1, 201)

Daß es auf die bohrenden Fragen nach der ungerechten Einrichtung der Welt vorerst offensichtlich keine andere Antwort gibt als den Tod, ist, der rhetorischen Frage „Aber ist das eine Anwort?" zum Trotz, dann allerdings doch eine Antwort: die Fragen harren als nicht gelöste gerade deshalb einer Lösung, weil der Tod eine solche eben nicht ist. Die darin beschlossene Möglichkeit der Veränderung des unwürdigen Zustands wird so von der angesprochenen göttlichen Instanz auf die menschliche verlagert, die ratlos zwar keine Antwort weiß, sich jedoch mit der gegebenen, dem Tod, nicht einverstanden erklärt. Das religiöse Bezugsfeld auch dieser Gedichte erscheint auf diese Weise säkularisiert, und wenn auch die Person Gottes immer wieder als Adressat fungiert, so wird eine wirkliche Antwort von ihr doch so wenig erwartet wie von den am Kreuzweg sitzenden Parzen, die der über das Schicksal der Welt und seiner selbst verzweifelt-räsonierende Dichter um Erlösung vom Erdenleid bittet (B 6/1, 207).

Gegenüber allen noch so schönen Jenseitsvorstellungen triumphiert letztlich auch in diesen Gedichten immer wieder das Diesseits, so bejammernswert der irdische Zustand auch sein mag. So formulieren die den ‚Lazarus'-Zyklus beschließenden Verse zwar ironisch gebrochen, aber doch eindeutig gegen die vorhergehende Bitte um Erlösung gewendet, den Wunsch des Sprechers, am Leben zu bleiben:

O Herr! ich glaub, es wär das Beste,
Du ließest mich in dieser Welt;
Heil nur zuvor mein Leibgebreste,
Und sorge auch für etwas Geld.

Ich weiß, es ist voll Sünd und Laster
Die Welt; jedoch ich bin einmal
Gewöhnt, auf diesem Erdpechpflaster
Zu schlendern durch das Jammertal.

Genieren wird das Weltgetreibe
Mich nie, denn selten geh ich aus;
In Schlafrock und Pantoffeln bleibe
Ich gern bei meiner Frau zu Haus.

Laß mich bei ihr! Hör ich sie schwätzen,
Trinkt meine Seele die Musik
Der holden Stimme mit Ergötzen.
So treu und ehrlich ist ihr Blick!

Gesundheit nur und Geldzulage
Verlang ich, Herr! O laß mich froh
Hinleben noch viel schöne Tage
Bei meiner Frau im statu quo! (B 6/1, 208)

Der Rückzug ins Private, der in diesen Versen sowohl gegen ein innerweltliches politisches Engagement als auch gegen ein christliches Einvernehmen mit dem Jenseits geltend gemacht wird, kann nicht darüber hinwegtäuschen, daß der Blick des Dichters die bestehende Welt als die einzige trifft, in der es sich allen anderen Versprechungen zum Trotz offensichtlich zu leben lohnt. Daß indes auch dieses Leben nicht das ganze ist, merkt wohl noch der verstockteste Leser. Die ironisch unterlegte Geste der Selbstzufriedenheit, durch die Bescheidenheitsfloskeln ohnehin schon als parodistische Selbstinszenierung durchschaubar, ist durch widrige Umstände auferlegt: es läßt sich durchaus eine andere Welt denken als das Erdpechpflaster des irdischen Jammertals, das Heine vor allem aus einem sehr sensualistischen Grund den „Himmelsauen“, dem „Paradies“, dem „selgen Land“ vorzieht:

Dort find ich keine schönre Frauen
Als ich bereits auf Erden fand. (B 6/1, 208)

Die Absage an den Himmel ist also noch kein Liebesgedicht auf die Erde, wohl aber eines auf deren Frauen: sie sind der eigentliche Grund, warum vorerst noch immer selbst die schlechte Welt dem schönen Himmel vorgezogen wird.

Zu den Gedichten der letzten Sammlung treten schließlich noch die insgesamt 67 Nachlese-Gedichte aus der Zeit von 1845 bis 1856 hinzu, deren Entstehung nur in wenigen Fällen genau zu datieren ist. Sechs dieser Gedichte waren noch zu Heines Lebzeiten publiziert worden, die meisten hat dann Adolf Strothmann 1869 in dem von ihm edierten Band ‚Letzte Gedichte und Gedanken von Heinrich Heine' herausgegeben. Sie berühren noch einmal alle Themen der Heineschen Dichtung, den zeitgeschichtlich-politischen Nachhall der 40er Jahre und der gescheiterten Revolution (‚1649–1793–????'; ‚Simplizissimus I.'; ‚König Langohr I.'; ‚Die Wahlesel'), die in der ‚Lutetia' ausführlich dargestellte Auseinandersetzung mit dem Kommunismus und der Notwendigkeit der sozialen Revolution, in der erneut Vorbehalte des Künstlers geltend gemacht werden (‚Die Wanderratten'); das Thema von Heines erster Tragödie klingt in der Überarbeitung eines frühen Gedichtes an (‚Der sterbende Almansor'), und in anderen Liedern findet sich der Nachhall von Heines sensualistisch-saint-simonistischer Phase (‚Lied der Marketenderin'; ‚Das Hohelied'). Der Kampf mit der Zensur – auch jener der durch das ‚Memoiren'-Projekt verschreckten Familie – wird angesprochen in den berühmten Versen, die auf das düsterste Kapitel der Heine-Rezeption vorauszuweisen scheinen:

Wenn ich sterbe, wird die Zunge
Ausgeschnitten meiner Leiche;
Denn sie fürchten, redend käm ich
Wieder aus dem Schattenreiche. (B 6/1, 325)

Und schließlich nehmen die Gedichte immer wieder Bezug auf die Matratzengruft, auf das langsame Dahinsiechen (‚Mein Tag war heiter'; ‚Miserere'; ‚Morphine', ‚Der Scheidende'), auf das Verhältnis zu Mathilde (,Ich seh im Stundenglase schon'; ,Den Strauß, den mir Mathilde band'), am Ende auch auf das Verhältnis zur letzten Frau, die in Heines Leben trat, zur damals 27jährigen Elise Krinitz, der „Mouche", der einige der schönsten Verse gelten. So z.B. das Gedicht ,Lotosblume', das den Bogen zurück zum entsprechenden Gedicht aus dem ,Lyrischen Intermezzo' des ,Buchs der Lieder' schlägt – ein letztes, traurig-ironisches Abschiednehmen des todkranken Dichters, dem jetzt tatsächlich nur bleibt, womit die frühen ,Traumbilder' eingesetzt hatten, das „verwaiste(.) Lied" (B 1, 20):

Die Lotosblume erschließet
Ihr Kelchlein im Mondenlicht,
Doch statt des befruchtenden Lebens
Empfängt sie nur ein Gedicht. (B 6/1, 343)

Im Blick auf die eigenen Gebrechen gilt zuletzt ein bitterer Gedanke dem Himmel mit seinen Sternen, der so viele Heine-Gedichte überwölbt hatte:

Was noch gestern stolz gelodert,
Das ist heute schon vermodert;
Seine Leier mit Verdruß
Bricht entzwei der Genius.

O wie klug sind doch die Sterne!
Halten sich in sichrer Ferne
von dem bösen Erdenrund,
Das so tödlich ungesund.

(...)

Mitleidsvoll aus ihrer Höhe
Schaun sie oft auf unser Wehe;
Eine goldne Träne fällt
Dann herab auf diese Welt. (B 6/1, 331)

Hier ist das Bild aus der Schlußpassage des vierten Buches der ,Börne'-Denkschrift aufgenommen, die Tränen des gefesselten Königs der Welt (B 4, 120f.), die wie die goldne Träne der Sterne nur ex negativo auf das verweisen, was anders wäre.

3. ‚Lutetia'

Am 7. Juni 1852 wandte sich Heine an Campe mit dem Vorschlag, aufgrund seiner oft nur verstümmelt, wenn überhaupt erschienenen Paris-Berichte der 40er Jahre für die ‚Augsburger Allgemeine Zeitung' und für Laubes ‚Zeitschrift für die elegante Welt' ein neues Frankreich-Buch zusammenzustellen, „(...) ein Buch, welches Blüthe und Frucht, die ganze Ausbeute meiner Forschungen während einem Vierteljahrhundert in Paris sein wird, und, wo nicht als Geschichtsbuch, doch gewiß als eine Chrestomathie guter publicistischer Prosa sich in der deutschen Litteratur erhalten wird." (HSA 23, 210) Und in einem weiteren Brief vom 24. August desselben Jahres hieß es an denselben Adressaten: „Der Held meines Buches, der wahre Held desselben ist die sociale Bewegung (...)." (HSA 23, 230) Heine wollte damit auf den Unterschied zu den vorangegangenen Frankreich-Berichten aufmerksam machen, ein Unterschied, der auch die erst aus dem Nachlaß bekanntgewordenen Bruchstücke der ‚Briefe über Deutschland' mit ihrer ähnlich gelagerten, weit über den Junghegelianismus hinausführenden Thematik kennzeichnete.

1854 unterbreitete er dem Verleger ein Publikationsangebot für zwei Bände ‚Vermischte Schriften' mit den ‚Geständnissen', den Gedichten aus den Jahren 1853 und 1854, ‚Die Götter im Exil' und ‚Die Göttin Diana' und den ‚Pariser Berichten', deren ursprünglicher Titel ‚Briefe und Berichte aus der Glanz Periode des parlamentarischen Regimentes' lauten sollte. Während eine spätere Äußerung vom April an Campe die ‚Geständnisse' „eine höchste wichtige Lebensurkunde" nennt, „die in der Welt viel Aufsehen machen wird", bezeichnet Heine die ‚Pariser Berichte' als „ein Geschichtsbuch (...), das den heutigen Tag anspricht und in der Zukunft fortleben wird." (HSA 23, 320) Am 20. Mai 1854 einigte man sich für diesen Teil der ‚Vermischten Schriften' endgültig auf den Titel ‚Lutetia' nach dem alten lateinischen Namen der „Hauptstadt des XIX. Jahrhunderts" (Walter Benjamin). Heine hat an dem

Buch, das schließlich zwei Bände der auf drei Bände erweiterten ,Vermischten Schriften' ausmachte, bis zum Schluß immer wieder geändert und gefeilt, hat die früheren Berichte ergänzt und umgearbeitet, – „Tag und Nacht beschäftigte mich diese Hundearbeit des Umarbeitens, des Hinzuschmiedens (...), Alles um das Werk artistisch vollendet und mit den Zeitfragen im Einklang erscheinen zu lassen." (HSA 23, 320) –: offensichtlich lag ihm sehr viel an diesem Prosawerk, dessen eigentliche Bedeutung freilich lange nicht erkannt worden ist. „Die ,Lutetia' enthält einen geistigen Schatz für die Erwecker des politischen Lebens in Deutschland. Hier wird nicht bloß amüsirt, sondern auch gelehrt (...)." (HSA 23, 351) Das war nach der Publikation im Oktober 1854 nicht gleich zu sehen, denn zunächst erregten in den ,Vermischten Schriften' die ,Gedichte' und die ,Geständnisse' vor allem wegen der religiösen Aspekte weit größeres Aufsehen als das eigentliche Hauptwerk ,Lutetia', dessen äußerst komplexe Textgeschichte von der Forschung bis heute noch nicht gänzlich rekonstituiert werden konnte.

Heines späte Schrift entwirft noch einmal ein umfassendes Panorama des Pariser Lebens, bietet Einblicke in die mannigfachen Institutionen Frankreichs, in denen sich das politische Leben kristallisiert, berichtet aus dem Parlament und den Akademien, aus den Salons und den kulturellen Einrichtungen, den Konzertsälen und Theatern, den Kunstgalerien und den Ballsälen, ohne die Cafés und die Passagen, das eigentliche Baudenkmal des 19. Jahrhunderts, das „aquarium humain" (Aragon), zu übersehen, ohne die Pariser Vorstädte mit ihren Arbeiter-Ateliers zu vergessen, wo Schriften gelesen wurden, „die wie nach Blut rochen", und Lieder gesungen wurden, „die in der Hölle gedichtet zu sein schienen (...)." (B 5, 251)

In Essays und Porträts, in Geschichten und Feuilletons, in Rezensionen und Anekdoten kreisen die ,Lutetia'-Berichte stets um den wahren Helden dieser Zeit, um die „sociale Bewegung". Immer wieder beschwört Heine die zunehmende Revolutionsgefahr: „Die zerstörenden Doktrinen haben in Frankreich zu sehr die unteren Klassen ergriffen – es handelt sich nicht mehr um Gleichheit der Rechte, sondern um Gleichheit des Genusses auf dieser Erde, und es gibt in Paris etwa 400 000 rohe Fäuste, welche nur des Losungsworts harren, um die Idee der absoluten Gleichheit zu verwirklichen, die in ihren rohen Köpfen brütet (...) – die Propaganda des Kommunismus besitzt eine Sprache, die jedes Volk versteht: die Elemente dieser Universalpoesie sind so einfach, wie der Hunger, wie der Neid, wie der Tod. Das lernt sich so leicht!" (B 5, 375) Und immer wieder äußert er Zweifel an der Widerstandsfähigkeit einer Bourgeoisie, die nach seinen Worten „in sich selber keinen moralischen Halt besitzt. Die heutige Gesellschaft verteidigt sich nur aus platter Notwendigkeit, ohne Glauben an ihr Recht, ja ohne Selbstachtung, ganz wie jene ältere Gesellschaft, deren morsches Gebälke zusammenstürzte, als der Sohn des Zimmermanns kam." (B 5, 506)

Die biblische Anspielung führt die Reihe der prophetischen Ankündigungen in Heines Werk fort, die im Artikel XLVI vom 12. Juli 1842 „die Weltrevolution" prophezeit: „der große Zweikampf der Besitzlosen mit der Aristokratie des Besitzes, und da wird weder von Nationalität noch von Religion die Rede sein: nur Ein Vaterland wird es geben, nämlich die Erde, und nur Einen Glauben, nämlich das Glück auf Erden." (B 5, 406) Scheint darin auch Heines eigenes Glaubensbekenntnis anzuklingen, wie es seine „pacifike Mission" als Völkerversöhnung, sein ‚Wintermärchen' als irdisches Paradies beruft, so sind doch die Vorbehalte nicht zu überhören, ist die geheime Furcht nicht zu übersehen, die „der düstre Held (...) in der modernen Tragödie" beim Autor der ‚Lutetia' auslöst: „Kommunismus ist der geheime Name des furchtbaren Antagonisten, der die Proletarierherrschaft in allen ihren Konsequenzen dem heutigen Bourgeoisieregimente entgegensetzt. Es wird ein furchtbarer Zweikampf sein. Wie möchte er enden? Das wissen die Götter und Göttinnen, denen die Zukunft bekannt ist." (B 5, 405)

Heines durchaus ambivalente Einstellung zum Kommunismus bzw. zu den neobabouvistischen Bewegungen jener Jahre, die bis heute zu den umstrittensten Fragen der Heine-Forschung gehört (Kreutzer, Mende, Briegleb u.a.), kommt vielleicht am deutlichsten in der abweichenden französischen Fassung ‚Lutèce' zum Ausdruck, die im April 1855 bei Michel Lévy frères in Paris mit dem Untertitel ‚Lettres sur la vie politique, artistique et sociale de la France' erschien. Dieser Ausgabe, die schon bald zu Heines beliebtestem Werk in Frankreich wurde, bis 1871 nicht weniger als neun Auflagen erlebte und damit die eher magere Resonanz des Buches in Deutschland weit überflügelte, stellte Heine eine auf den 30. März 1855 datierte ‚Préface' voran, deren deutscher Entwurf erst 1958 veröffentlicht wurde. In dieser Vorrede, die allgemein als Heines politisches Vermächtnis angesehen wird, kommt Heine nun ausführlich auf seine früh angedeuteten Vorbehalte und geheimen Befürchtungen zu sprechen:

„Dieses Geständnis, daß den Kommunisten die Zukunft gehört, machte ich im Tone der größten Angst und Besorgnis, und ach! diese Tonart war keineswegs eine Maske! In der Tat, nur mit Grauen und Schrecken denke ich an die Zeit wo jene dunklen Ikonoklasten zur Herrschaft gelangen werden: mit ihren rohen Fäusten zerschlagen sie alsdann alle Marmorbilder meiner geliebten Kunstwelt, sie zertrümmern alle jene phantastischen Schnurrpfeifereien, die dem Poeten so lieb waren (...) und ach! mein ‚Buch der Lieder' wird der Krautkrämer zu Tüten verwenden, um Kaffee oder Schnupftabak darin zu schütten für die alten Weiber der Zukunft – Ach! das sehe ich alles voraus, und eine unsägliche Betrübnis ergreift mich, wenn ich an den Untergang denke, womit meine Gedichte und die ganze alte Weltordnung von dem Kommunismus bedroht ist – Und dennoch, ich gestehe es freimütig, übt derselbe auf mein Gemüt einen Zauber, dessen ich mich nicht erwehren kann (...)." (B 5, 232)

Zwei Gründe macht Heine für diesen Zauber geltend, einen sozialen und einen politischen: „gesegnet sei der Krautkrämer, der einst aus meinen Gedichten Tüten verfertigt, worin er Kaffee und Schnupftabak schüttet für die armen alten Mütterchen, die in unserer heutigen Welt der Ungerechtigkeit vielleicht eine solche Labung entbehren mußten – *fiat justitia, pe-*

reat mundus!“ Mit dieser Wendung ist die früh im Umgang mit dem Notizenbuch des Großoheims erfahrene Einsicht wiederaufgenommen: „Où l'innocence périt c'est un crime de vivre.“ Und als zweiten, als politischen Grund fügt er an: „Aus Haß gegen die Nationalisten könnte ich schier die Kommunisten lieben.“ (B 5, 233) Dennoch: der Haß reicht offensichtlich nicht aus, den Potentialis in einen Indikativ zu verwandeln, Heine benennt das kleinere Übel und überläßt es erneut seinen Lesern, aus der hier entfalteten Argumentation eigene Schlüsse zu ziehen.

Auch wenn man zurecht daraufhingewiesen hat, daß sich diese kritischen Äußerungen Heines vor allem auf die frühkommunistischen, babouvistischen Bewegungen bezogen, in denen Tendenzen die Oberhand gewonnen hatten, gegen die sich Heine bereits in der Auseinandersetzung mit Börne vehement ausgesprochen hatte, so kann doch keinesfalls übersehen werden, daß Heine sehr wohl auch bereits Entwicklungstendenzen des späteren Kommunismus überaus hellsichtig erkennt. So heißt es beispielsweise im zweiten Teil der ‚Lutetia‘ in einem auf den 6. Mai 1843 datierten Artikel: „Die Freiheit, die bisher nur hie und da Mensch geworden, muß auch in die Massen selbst, in die untersten Schichten der Gesellschaft, übergehen und Volk werden. Diese Volkwerdung der Freiheit, dieser geheimnisvolle Prozeß, der, wie jede Geburt, wie jede Frucht, als notwendige Bedingnis Zeit und Ruhe begehrt, ist gewiß nicht minder wichtig, als es jene Verkündigung der Prinzipien war, womit sich unsre Vorgänger beschäftigt haben. Das Wort wird Fleisch, und das Fleisch blutet.“ Und auf das Bild des „Wunderdoktors, der uns ein Universalelixier überreicht“, anspielend, heißt es: „Nein, mit dem bloßen Rezept ist dem Kranken noch nicht geholfen, obgleich jenes unerläßlich ist: er bedarf auch der Tausendmischerei des Apothekers, der Sorgfalt der Wärterin, er bedarf der Ruhe, er bedarf der Zeit.“ (B 5, 461)

Gut zehn Jahre später, nachdem er die „Doktoren der Revolution“ selbst kennengelernt hatte, die Begründer des wissenschaftlichen Kommunismus, nimmt Heine, beschwert um die Erfahrungen der gescheiterten Revolution von 1848, das Bild wieder auf in der französischen Fassung der ‚Geständnisse‘, die noch vor der deutschen Ausgabe am 15. September 1854 in der Pariser Zeitschrift ‚Revue des deux mondes‘ erschien und „die ungeheuerste Furore“ machte: „Die mehr oder weniger geheimen Führer der deutschen Kommunisten sind große Logiker, deren stärkste aus der Hegelschen Schule hervorgegangen sind, und sie sind ohne Zweifel die fähigsten Köpfe, die energischsten Charaktere Deutschlands. Diese Doktoren der Revolution und ihre mitleidslos entschlossenen Schüler sind die einzigen Männer in Deutschland, die Leben in sich haben, und ihnen, fürchte ich, gehört die Zukunft.“ (K XIII, 245 f.) Auch wenn in der zweiten Auflage des Werkes ‚De l'Allemagne‘, für die die ‚Geständnisse‘ eigentlich geschrieben waren, 1855 die Formulierung „fürchte ich“ fehlt, auch wenn in der deutschen Ausgabe der ‚Geständnisse‘ der gesamte Passus durch einen anderen Text ersetzt ist, so tut das der Bedeutung dieser „Kommunistenpredigt“, wie man Heines Kritik früh bezeichnet hat, keinen Abbruch: zu genau ordnet sie sich in den Argumentationszusammenhang ein, den die fast zeitgleiche ‚Préface‘ entwickelt, der aber auch an vielen Stellen der früher geschriebenen ‚Lutetia‘ erkennbar ist, gegen die Anhänger der Hegelschule, die sich im Verfolg abstrakt-revolutionärer Ideen nur allzuleicht über die tatsächlichen Bedürfnisse des Volkes hinwegsetzen, gegen die kommunistischen Intellektuellen, die als Revolutionsdoktoren Anweisungen und Rezepte gleichsam von oben herab erteilen – eine durchaus moderne Sicht, die sich nach den Erfahrungen unseres Jahrhunderts wie die prophetische Analyse dessen liest, was dann tatsächlich eintrat, als die von Heine kritisch beleuchtete Zukunft anbrach.

Unter diesem Aspekt des zweifachen Vorbehalts gegen die Kommunisten, gegen die in ihren Reihen virulenten kunstfeindlichen Tendenzen wie gegen die auch späterhin wirksamen abstrakt-doktrinären Revolutionsprogramme, wird man auch das zur Zeit der Abfassung der ‚Lutetia‘-Berichte entstandene Gedicht ‚Lebensfahrt‘ lesen müssen, dessen Schlußstrophen man nur allzuoft und allzuschnell als Bekenntnis zur Bewegung der „neuen Genossen" verstanden hat:

Ich hab ein neues Schiff bestiegen,
Mit neuen Genossen; es wogen und wiegen
Die fremden Fluten mich hin und her –
Wie fern die Heimat! mein Herz wie schwer!

Und das ist wieder ein Singen und Lachen –
Es pfeift der Wind, die Planken krachen –
Am Himmel erlischt der letzte Stern –
Wie schwer mein Herz! die Heimat wie fern! (B 4, 420)

Exilverse wiederum, die von der nicht abbrechenden Suche künden, irgendwann und irgendwo doch noch das gelobte Land, die wahre Heimat zu erreichen. Das Bewußtsein, daß die Heimat auch jetzt im Kreis der neuen Freunde, der neuen Partei noch beinahe unerreichbar fern scheint, vermischt sich mit dem geheimen Wissen, daß es nach einem Wort Ernst Blochs „keine Heimat mehr (gibt) als eine Welt, in der keiner mehr ausgestoßen wäre, die der real befreiten Menschheit." Deshalb bleibt Heine denn doch an Bord, könnte er „schier die Kommunisten lieben" – ein unsicherer Geselle, der auf seiner ‚Lebensfahrt' beim Ausloten dieses Heimwegs die Hindernisse erkennt und vor den falschen Fortschritten warnt, keiner Parteidisziplin unterworfen, aber unbeirrbar am einmal eingeschlagenen, einmal als richtig erkannten Weg festhaltend, allen realen Widerständen, allen vermeintlichen Widersprüchen zum Trotz: „Où l'innocence périt c'est un crime de vivre."

In der chiastischen Anordnung der jeweiligen Strophenschlüsse „Wie fern die Heimat! mein Herz wie schwer!" – „Wie schwer mein Herz! die Heimat wie fern!" durchdringen sich noch einmal die private und die öffentliche Sphäre der Heineschen Dichtung, das persönliche Lebens- und Liebesleid und das politische, das Leid des Exils, das Leid des nicht abbrechenden Kampfes für die „real befreite Menschheit". Auch das geheime Hauptwerk Heines, sein politisches Testament, die späte ‚Lutetia', verschränkt noch einmal beide Aspekte der Heineschen Schreibweise, ohne vorschnell eine Lösung anzubieten, einen Ausweg zu zeigen. Es bleibt auch jetzt, am Ende eines Lebens, das reich an poetischen und politischen Kämpfen war, bei der bitteren Einsicht, die ein Brief aus den 30er Jahren an den Freund Varnhagen formulierte und der wiederum nur ex negativo die Hoffnung abzulesen ist, es könne einmal doch alles anders werden: „Ach, lieber Varnhagen, ich fühle jetzt die Bedeutung jener römischen Worte: Leben ist Kriegführen. So stehe ich nun auf der Bresche und sehe wie die Freunde rings um mich her fallen. (. . .) Ich kann in diesem Augenblick vor Weinen nicht schreiben – ach! wir armen Menschen, mit Thränen in den Augen, müssen wir kämpfen. Welch ein Schlachtfeld diese Erde!“ (HSA 21, 51)

VI. Der Zauber des Gesangs

‚Bimini'

Heines letzte große, Fragment gebliebene Versdichtung ‚Bimini' schweift noch einmal in ein fernes, exotisches Land. Den ersten, heute umstrittenen Druck besorgte Adolf Strothmann 1869 im Nachlaßband ‚Letzte Gedichte und Gedanken von Heinrich Heine'; eine gesicherte Edition des Werkes steht noch aus.

Das Gedicht basiert auf den von Heine frei verarbeiteten Berichten Washington Irvings und erzählt von der Suche des alten Ritters Don Juan Ponce de Leon – wir begegnen einer Parallelgestalt des Don Quixotte – nach der Wunderinsel, deren Fluß gemäß einer alten indianischen Legende die ewige Jugend verheißt. Heine schildert diese Suche noch einmal mit den Bildern, die uns bereits aus seiner frühesten Lyrik vertraut sind. So setzt z. B. gleich die erste Strophe mit dem Bild unerfüllter Sehnsucht ein, das zur Leitmetapher der romantischen Tradition geworden war, einer Tradition, der Heine schon im ‚Atta Troll' abschiednehmend gehuldigt hatte und die nach 1848 fast ganz in Vergessenheit geraten war:

Wunderglaube! blaue Blume,
Die verschollen jetzt, wie prachtvoll
Blühte sie im Menschenherzen
Zu der Zeit, von der wir singen. (B 6/1, 243)

Die Beschreibung des alten Recken, der traurig-melancholisch sein Gesicht im Wasser betrachtet, wird Heine am Ende des Lebens zum Spiegel seiner selbst:

Mit den Runzeln, die das Alter
Und Strapazen eingegraben,
Kreuzen sich fatale Narben
Schlechtgeflickter Säbelhiebe.

Eben nicht mit sonderlichem
Wohlgefallen scheint der Greis
In dem Wasser zu betrachten
Sein bekümmert Spiegelbildnis. (B 6/1, 250)

Die Narben, die der Ritter an sich entdeckt, verweisen wie im ‚Enfant perdu'-Gedicht des ‚Romanzero' (B 6/1, 120) auf die in mannigfachen Kämpfen erhaltenen Wunden, und auch der Wunsch des Ponce de Leon, wie ihn Irvings ‚Voyages and Discoveries of the Companions of Columbus' überlieferte, könnte ohne Abstriche auf den sterbenskranken Dichter der Matratzengruft bezogen werden: „Wenn er nur in diese wunderbare Quelle oder diesen segensreichen Fluß tauchen und mit der wiedergewonnenen Stärke, Spannkraft und Geschmeidigkeit der Jugend in seinem vom Krieg zermürbten Körper wieder herauskommen könnte, während sein Kopf noch die Weisheit und Kenntnisse des Alters bewahrte, welche Vorhaben hätte er nicht im weiteren Verlauf der kraftvollen Jahre, die er noch gewonnen hätte, durchführen können." (B 6/2, 78 f.) Der Wunsch, verjüngt zu werden, ist also kein Selbstzweck, sondern Voraussetzung für den weiterzuführenden Kampf – ein Motiv, das Heine zweifellos angesprochen hat –, und die Suche nach ‚Bimini', der Wunderinsel, sollte denn auch nicht als Weltflucht mißverstanden werden.

Gegenüber der Quelle hat Heine den inzwischen von der jüngsten Forschung (Michel Espagne) freilich angefochtenen Schluß ganz neu geschaffen: statt der Wunderinsel Bimini findet der Ritter ein anderes Land,

(...) wo schaurig
Unter schattigen Zypressen
Fließt ein Flüßlein, dessen Wasser
Gleichfalls wundertätig heilsam – (B 6/1, 266)

statt des verjüngenden Flusses findet er Lethe, die Quelle des Vergessens, statt ewiger Jugend findet er „verrunzelt, abgemergelt" endlich den Tod.

Heine betrügt auch jetzt weder sich noch den Leser über den Scheincharakter der imaginierten Wunderinsel, über die

Utopie eines vollkommenen Lebens auf Erden. Aber das Zusammenfallen von Utopie und Tod ist nur die eine Melodie des Liedes. Die andere hatte bereits der Prolog des Gedichts angestimmt, und sie klingt noch nach, als der Ritter längst aus dem Fluß des Vergessens getrunken hat:

Hilf mir, Muse, kluge Bergfee
Des Parnasses, Gottestochter,
Steh mir bei jetzt und bewähre
Die Magie der edlen Dichtkunst –

Zeige, daß du hexen kannst,
Und verwandle flugs mein Lied
In ein Schiff, ein Zauberschiff,
Das mich bringt nach Bimini! (B 6/1, 247)

Ein letztes Mal hat der alte Dichter am Ende seiner ‚Lebensfahrt' „ein neues Schiff bestiegen", und es ist doch immer das alte, mag es nun wie in ‚Bimini' mal Zauberschiff, mal Narrenschiff heißen: die wechselnden Benennungen verweisen als Metaphern immer wieder auf die Poesie, sein „heiliges Spielzeug, oder geweihtes Mittel für himmlische Zwecke." (B 2, 382) Im Rückblick bestätigt Heines spätes großes Gedicht noch einmal die Wichtigkeit seiner Lieder als höchst brauchbares Spielzeug, als durchaus nützliches Mittel auch „im Befreiungskriege der Menschheit", dem sie in der berühmten Passage der ‚Reise von München nach Genua' scheinbar gegenübergestellt wurden. Heines Leser Ernst Bloch hat das gesehen: „Aber ohne alle Phantasie, mit nichts als der Karte Pachulkistan in der Hand ist die Sache neues Leben nicht einmal visierbar. Dieses Sinns sind selbst so kleine, ergreifend-lustige Legenden wie die angegebene nützlich zu lesen; Heine war davon angetan, die Galionsfigur Speranza weiß warum." (‚Ponce de Leon, Bimini und der Quell')

Insofern ist das Abschiedsgedicht Heines mit seinem Hinweis auf die Bedeutung der Phantasie, der Dichtung noch einmal ein Schlüssel zum Verständnis des gesamten Werks: auch dessen Lebensfahrt bekennt sich als „konkrete Utopie allemal zu dem schwierigen Unterwegs, worin das selber noch ungefundene ‚wahre Sein' oder Wesen dessen, was die Welt ‚eigentlich' oder ‚überhaupt' zweifelsfrei sein könnte, sich befindet." Und darin beruht denn auch nach einem auf die Neunte Symphonie bezogenen Wort Blochs die eigentliche Aktualität, die fortwirkende Bedeutung von Heines Dichtung: „(...) die Wahrheit ihrer Hoffnungen konnte noch nie verschüttet werden; eben: sie richtet und hält die undiskreditierbaren Wege offen." (‚Kann Hoffnung enttäuscht werden?' Eröffnungs-Vorlesung, Tübingen 1961)

Zeittafel

1797 Heinrich (Geburtsname Harry) Heine am 13. Dezember in Düsseldorf als ältester Sohn des jüdischen Kaufmanns Samson Heine (1764–1828) und seiner Ehefrau Betty, geb. van Geldern (1771–1859) geboren.
1807 Eintritt in die Vorbereitungsklasse des Lyzeums.
1811 Heine wohnt Napoleons Ritt durch den Düsseldorfer Hofgarten bei.
1812 Unterricht in der „Philosophischen Classe" bei Rektor Schallmayer.
1814 Heine verläßt ohne Reifezeugnis das Gymnasium; Besuch der Handelsschule.
1815 Besuch der Frankfurter Messe; Kaufmännische Lehre.
1816 Lehrzeit im Kontor des Bankhauses von Heines Onkel Salomon in Hamburg. Begegnung mit seiner Cousine Amalie.
1818 Salomon Heine richtet das Manufakturwarengeschäft ‚Harry Heine & Comp.' ein, das im März des folgenden Jahres wegen drohenden Bankrotts wieder liquidiert wird.
1819 Beginn des Jurastudiums in Bonn.
1820 Immatrikulation an der Universität Göttingen. Wegen einer Duellaffäre Verhandlung vor dem Universitätsgericht und Ausschluß aus der Burschenschaft.
1821 ‚Consilium abeundi' von der Universität für ein halbes Jahr; Immatrikulation an der Berliner Universität.
1822 Mitglied im ‚Verein für Kultur und Wissenschaft der Juden'; Reise nach Polen. Ende Oktober Besuch bei Hegel.
1823 Reise nach Lüneburg, Hamburg, Cuxhaven und Ritzebüttel.
1824 Fortsetzung des Studiums in Göttingen; Fußwanderung durch den Harz; 2. Oktober Besuch bei Goethe in Weimar; die ‚Harzreise' entsteht.
1825 Religionsunterricht in Heiligenstadt; 28. Juni Übertritt zum evangelischen Glauben und Taufe durch Pfarrer Grimm; 20. Juli Promotion zum Dr. jur.; Sommerurlaub in Norderney; Übersiedlung nach Hamburg.
1827 ‚Das Buch der Lieder' und ‚Reisebilder II' erscheinen; Englandreise; anschließend Reise über Frankfurt (Treffen mit Börne), Heidelberg und Stuttgart nach München. Mitherausgeber der ‚Neuen allgemeinen politischen Annalen'.

1828 August bis November Italienreise über Mailand, Genua, Lucca, Florenz und Venedig; Tod des Vaters am 2. Dezember in Hamburg.

1830 ‚Reisebilder III' erscheinen. Sommerurlaub auf Helgoland; Nachricht der Pariser Julirevolution.

1831 Entschluß, aufgrund fehlender Berufsaussichten in Deutschland als freier Berufsschriftsteller nach Paris überzusiedeln; 19. Mai Ankunft in Paris; Beginn der Korrespondententätigkeit für deutsche Zeitungen und Zeitschriften.

1832 Versammlungsbesuche der Saint-Simonisten; die ‚Französischen Zustände' erscheinen in der ‚Augsburger Allgemeinen Zeitung'.

1833 Mitarbeit an französischen Zeitschriften: in ‚L'Europe littéraire' erscheint die spätere ‚Romantische Schule'.

1834 In der Zeitschrift ‚Revue des deux Mondes' wird der erste von drei großen Essays zur deutschen Geistesgeschichte veröffentlicht (später ‚Zur Geschichte der Religion und Philosophie'); Begegnung mit Crescence Eugénie Mirat (Mathilde), die Heine am 31. August 1841 heiratet.

1835 Erste französische Werkausgabe mit ‚De l'Allemagne'; Bundestagsbeschluß gegen das Junge Deutschland; 11. Dezember Verbot sämtlicher Schriften Heines in Preußen.

1836 Die französische Regierung gewährt für die folgenden Jahre eine Pension von 4800 francs, die ab 1840 gezahlt wird.

1840 Korrespondenzartikel (die spätere ‚Lutetia') in der ‚Allgemeinen Zeitung'.

1841 Duell mit Salomon Strauß als Folge der Auseinandersetzungen um Heines Denkschrift über Börne.

1843 21. Oktober bis 16. Dezember Reise nach Hamburg; nach der Rückkehr Bekanntschaft mit Karl Marx.

1844 Haftbefehle der preußischen Regierung gegen die Mitarbeiter der ‚Deutsch-Französischen Jahrbücher', wo Heines ‚Lobgesänge auf König Ludwig' erschienen waren; 19. Juli bis 16. Oktober zweiter Hamburg-Aufenthalt mit Mathilde (per Schiff); 23. Dezember Tod Salomon Heines und Beginn der Erbschaftsstreitigkeiten.

1845 Marx muß Paris verlassen.

1848 Heine ist Zeuge der Barrikadenkämpfe der Februarrevolution; Mitte Mai Zusammenbruch im Louvre vor der Venus von Milo: Heine kann seine „Matratzengruft" nicht mehr verlassen.

1851 Campe in Paris: Abschluß eines Vertrages über einen neuen Gedichtband (‚Romanzero').

1854 Beginn der Arbeit an den ersten Bänden der französischen Gesamtausgabe (‚Œuvres complètes').

1855 Letzte „Matratzengruft“ in der Avenue Matignon; Besuche von Elise Krinitz („Mouche“).

1856 Heine stirbt am 17. Februar; Beerdigung auf dem Friedhof Montmartre am 20. Februar, an der u. a. Théophile Gautier, Alexandre Dumas, Alexandre Weil und François-Auguste Mignet teilnehmen.

Zitierhinweise und Abkürzungen

Wenn nicht anders angegeben, wird nach der Brieglebschen Heine-Ausgabe zitiert und die Stellenangabe den Zitaten in Klammern nachgestellt, wobei die Zahl vor dem Komma die Bandzahl, die Zahl nach dem Komma die Seitenzahl angibt. In Einzelfällen wurde auf die Düsseldorfer Heine-Ausgabe und die von Hans Kaufmann edierte Ausgabe zurückgegriffen. Für die Briefe Heines wurden grundsätzlich die entsprechenden Bände der Heine-Säkular-Ausgabe herangezogen; die französischsprachigen Briefe Heines wurden nach der Übersetzung der auf den Bänden der Heine-Säkular-Ausgabe beruhenden Auswahl des Aufbau-Verlages zitiert:

B Heinrich Heine: Sämtliche Schriften. Bd. 1–6/2, hrsg. v. Klaus Briegleb, München 1968 ff.

DHA Heinrich Heine: Historisch-kritische Gesamtausgabe der Werke, hrsg. v. Manfred Windfuhr (Düsseldorfer Heine-Ausgabe), Düsseldorf 1973 ff. (noch nicht abgeschlossen).

HSA Heinrich Heine: Säkularausgabe. Werke. Briefwechsel. Lebenszeugnisse, hrsg. v. den Nationalen Forschungs- und Gedenkstätten der klassischen deutschen Literatur in Weimar und dem Centre National de la Recherche Scientifique in Paris, Berlin-Paris 1970 ff. (Die Ausgabe, deren Briefabteilung bereits erschienen ist, ist noch nicht abgeschlossen).

K Heinrich Heine: Sämtliche Werke, Bd. I–XIV, hrsg. v. Hans Kaufmann. Textrevision und Erläuterungen v. Gotthard Erler, München 1964 (Lizenzausgabe des Aufbau-Verlags Berlin).

HB Heines Briefe in einem Band, ausgew. u. erl. v. Fritz Mende, Berlin und Weimar 1978.

Sekundärliteratur wird mit Kurztitel zitiert. Die ausführlichen Angaben finden sich in den *Literaturhinweisen.*

Literaturhinweise

1. Werkausgaben

Erst im Jahre 1861 begann Campe mit der ersten Gesamtausgabe in 21 Bänden (Bd. 19–21 enthalten Briefe), die 1869 und 1884 durch 2 Supplementbände mit ‚Letzten Gedichten und Gedanken' und ‚Memoiren' abgeschlossen wurde (zwei unautorisierte Ausgaben waren 1854–1861 in Amsterdam und Rotterdam und 1855 in Philadelphia erschienen). Entgegen Heines Plänen von 1846, die eine chronologische Gliederung vorsahen, gliederte der Herausgeber Adolf Strothmann thematisch, zuerst die Prosa, dann die Versdichtungen. Die erste kritische Ausgabe der Schriften in sieben Bänden, die Ernst Elster 1887–1890 beim Bibliographischen Institut Leipzig und Wien herausgab (Neudruck 1893) ist noch heute wegen der Zuverlässigkeit des Textkorpus wichtig. Zwischen 1910 und 1920 legte Oskar Walzel unter Mitwirkung von Jonas Fränkel eine zehnbändige, ebenfalls noch unvollständige Werkausgabe mit hilfreichem Registerband im Insel-Verlag vor, der 1925–30 die elfbändige, von Fritz Strich betreute Ausgabe folgte, die erstmals nach rein chronologischen Gesichtspunkten gliederte.

Nach der Unterbrechung der Editionstätigkeit wurde erst 1956 in Weimar die Herausgabe der Werke, die auf 50 Bände geplante ‚Säkularausgabe' beschlossen. Die Vorarbeiten zu der entsprechenden historisch-kritischen ‚Düsseldorfer Ausgabe' begannen 1962; seit 1973 gibt Manfred Windfuhr die auf 16 Bände angelegte Ausgabe bei Hoffmann und Campe in Hamburg heraus. In der DDR erschien zwischen 1961 und 1964 auch die erste wichtige, bis dahin vollständigste Werkausgabe, hrsg. von Hans Kaufmann, die in der Bundesrepublik – allerdings ohne die Briefe – 1964 in Taschenbuchform nachgedruckt wurde. Auf den von Kaufmann zugrundegelegten Text in der Walzelschen Fassung geht auch die 1968–1976 erschienene Ausgabe Klaus Brieglebs zurück, die sich wie schon Strichs Ausgabe vom chronologischen Gliederungsprinzip leiten ließ: es ist heute vor allem wegen des umfangreichen Kommentarteils, der Dokumentationen und der Register die maßgebliche Leseausgabe, die 1976 seitengleich in 12 Bänden auch als Taschenbuchausgabe vorgelegt wurde.

Von den zahlreichen Auswahlausgaben sind die vierbändige 1968 im Frankfurter Insel-Verlag von Christoph Siegrist, Wolfgang Preisendanz, Eberhard Galley und Helmut Schanze vorgelegte Ausgabe (die allerdings das ‚Buch der Lieder' nicht vollständig bringt) und die von Stuart Atkins im C.H.Beck Verlag betreute zweibändige, reich kommentierte Auswahl (1973 und 1979), die auch den neueren Forschungsstand berücksichtigt, zu erwähnen. Hinzuweisen ist weiterhin auf den 1965 in zwei Bänden vorgelegten Nachdruck der ersten Gesamtausgabe von Heines Briefen, die Friedrich Hirth nach den Handschriften zuerst 1950–57 in sechs Bänden fertiggestellt hat. Im Anschluß an H.H.Houbens zuerst 1926 herausgegebene ‚Gespräche mit Heine' hat 1973 Michael Werner eine vermehrte und auf den neuesten Stand gebrachte Ausgabe ‚Begegnungen mit Heine. Berichte der Zeitgenossen' (Band I: 1797–1846; Band II: 1847–1856) vorgelegt, die ebenso wie die von Norbert Altenhofer in der Reihe ‚Dichter über ihre Dichtungen' edierte Sammlung ‚Heinrich Heine', 3 Bände, München 1971, wichtige Äußerungen zum Leben und zum Schaffen Heines in Ergänzung zum eigentlichen Werkkomplex zusammenfaßt.

2. *Hilfsmittel*

Neben den wichtigen Kommentaren der neueren Ausgaben, vor allem der Brieglebschen Leseausgabe und der beiden im Entstehen begriffenen historisch-kritischen Gesamtausgaben, kann sich die Heine-Forschung heute auf eine Reihe unerläßlicher Hilfsmittel stützen, zu denen zuallererst die von Gottfried Wilhelm und Eberhard Galley zusammengestellte Heine-Bibliographie in zwei Bänden, Weimar 1960, gehört, die von Siegfried Seifert, Berlin und Weimar 1968, bis 1964, schließlich in Zusammenarbeit mit Albine A. Volgina, Berlin und Weimar 1986, bis 1982 vorgeführt wurde. Das seit 1962 erscheinende Heine-Jahrbuch, das wichtige Forschungsergebnisse publiziert und einen ausführlichen Rezensionsteil enthält, veröffentlicht jährlich eine fortlaufende Bibliographie.

Über den Nachkriegsforschungsstand berichtet Eva D. Becker ‚Heinrich Heine. Ein Forschungsbericht 1945–1965' (zuerst 1965), wiederabgedruckt in ‚Heinrich Heine', hrsg. v. Helmut Koopmann, Darmstadt 1975, S.377–403, ein Band der Reihe ‚Wege der Forschung', der die wichtigsten Arbeiten dieses Zeitraums dokumentiert. Unter dem Titel ‚Streitobjekt Heine' hat Jost Hermand 1975 einen ausführlichen ‚Forschungsbericht 1945–1975', Frankfurt a.M., vorgelegt.

Zu den wichtigsten Hilfsmitteln, die den Zugang zu Leben und Werk Heines erschließen, sind neben der ‚Heine Chronik' von Fritz Mende (zuerst Berlin Ost 1970; zweite erweiterte Auflage Stuttgart 1981; als Taschenbuch München 1975) der zweibändige ‚Heine-

Kommentar' von Werner Vordtriede und Uwe Schweikert, München 1970, und das Metzler Realien-Buch von Eberhard Galley ,Heinrich Heine', 4. Auflage Stuttgart 1976, zu zählen. Als erste Einführungen in das Leben Heines sind nützlich die Bildmonographien von Ludwig Marcuse ,Heine in Selbstzeugnissen und Bilddokumenten', Reinbek bei Hamburg 1960 u.ö.; Joseph A. Kruse ,Heinrich Heine. Leben und Werk in Daten und Bildern', Frankfurt a. M. 1983 und Christoph Trilse ,Heinrich Heine', 2. Auflage Leipzig 1986.

Texte zur Rezeptionsgeschichte haben Karl Theodor Kleinknecht ,Heine in Deutschland. Dokumente seiner Rezeption 1834–1956', Tübingen 1976, und, auf Vollständigkeit abzielend, in der wichtigen Reihe der ,Heine-Studien' des Hoffmann und Campe Verlags Eberhard Galley und Alfred Estermann ,Heinrich Heines Werk im Urteil seiner Zeitgenossen', Hamburg 1981 ff. (Bd. 1: 1821–1831; Bd. 2: 1830–1834), vorgelegt. Den Diskussions- und Forschungsstand des Heine-Jahres 1972 dokumentieren zwei wichtige Sammelbände: Manfred Windfuhr (Hrsg.) ,Internationaler Heine-Kongress 1972', Hamburg 1973, und ,Heinrich Heine. Streitbarer Humanist und volksverbundener Dichter', Weimar 1973.

Schließlich sind als unerläßliche Hilfsmittel für jede eingehende Auseinandersetzung mit Werk und Forschung das Beck'sche Elementarbuch ,Heinrich Heine. Epoche – Werk – Wirkung', hrsg. v. Jürgen Brummack mit detaillierten Analysen der wichtigsten Werke, Übersichten über die politischen und sozialen Zeitverhältnisse und ausführlichen, kommentierten Auswahlbibliographien, München 1980, und das jüngst von Gerhard Höhn verfaßte, in der Werkbetrachtung auf Vollständigkeit angelegte ,Heine-Handbuch. Zeit, Person, Werk', Stuttgart 1987, heranzuziehen.

3. Forschung

Wegen der heute kaum noch überschaubar gewordenen Heine-Forschung wird hier neben den beiden nach wie vor grundlegenden Monographien von Hans Kaufmann ,Heinrich Heine. Geistige Entwicklung und künstlerisches Werk', 2. Auflage Berlin und Weimar 1970, und Manfred Windfuhr ,Heinrich Heine. Revolution und Reflexion', 2. Auflage Stuttgart 1976, stellvertretend auf zwei wichtige, übergreifende Arbeiten hingewiesen, die in den letzten Jahren erschienen sind: Wolfgang Hädecke hat 1985 im Hanser Verlag München eine großangelegte, reich dokumentierte und dabei gut lesbare Biographie ,Heinrich Heine' veröffentlicht; Klaus Briegleb hat 1986 seine verstreuten Arbeiten zu Heine unter dem Titel ,Opfer Heine? Versuche über Schriftzüge der Revolution', Frankfurt 1986, zu einem anregenden und engagierten Heine-Buch zusammengestellt.

Autorenbücher

Es liegen Bände vor über

Ilse Aichinger
Alfred Andersch
Ingeborg Bachmann
Gottfried Benn
Thomas Bernhard
Heinrich Böll
Volker Braun
Gottfried-August Bürger
Elias Canetti
Heimito von Doderer
Alfred Döblin
Friedrich Dürrenmatt
Günter Eich
Lion Feuchtwanger
Hubert Fichte
Marieluise Fleißer
Max Frisch
Franz Fühmann
Günter Grass
Max von der Grün
Peter Härtling
Peter Handke
Georg Heym
Stefan Heym
Wolfgang Hildesheimer
Rolf Hochhuth
Walter Jens
Uwe Johnson
Erich Kästner
Marieluise Kaschnitz
Walter Kempowski
Alexander Kluge
Wolfgang Koeppen
Franz Xaver Kroetz
Siegfried Lenz
Heiner Müller
Adolf Muschg
Hans Erich Nossack
Novalis
Ulrich Plenzdorf
Peter Rühmkorf
Nelly Sachs
Arno Schmidt
Anna Seghers
Georg Trakl
Kurt Tucholsky
Günter Wallraff
Martin Walser
Peter Weiss
Dieter Wellershoff
Gabriele Wohmann
Christa Wolf
Carl Zuckmayer

Weitere Bände in Vorbereitung